瓷器里的文明碎片

涂睿明 著

北京联合出版公司
Beijing United Publishing Co.,Ltd.

目 录

自 序

　　2005 年 6 月下旬的一天，在福建东海海域，几位渔民像往常一样出海捕鱼。他们在平潭碗礁附近撒下渔网，希望有所收获。收网之后，他们既失望，又惊喜。失望的是没捞上几条鱼，惊喜的是渔网里有几件完整的瓷器。因为这一片一直都有沉船的传说，所以他们觉得这肯定是古瓷器。当地的考古队很快得知了消息，并迅速开始水下考古。非常幸运，他们很快就发现了沉船。这艘沉船被称为"碗礁一号"。当时中央电视台还直播了打捞沉船的过程，很是轰动。最后打捞上来的瓷器，一共一万六千多件。碗礁一号的船体和船上的其他物品早已腐朽不堪，唯有这些瓷器，在海水中浸泡了 300 多年，却依然光彩夺目，如同新制。可以说，这些瓷器是记录历史的活化石。

有些人以为，瓷器记录着历史，便也成了历史。然而如果我们停下来，花上一分钟时间想想，你会突然发现瓷器在我们生活中的使用，远比我们意识到的多得多。

比如，家里的抽水马桶，又或者是墙面和地面的瓷砖。日常杯盘碗盏，自不必说了。连神九火箭的返回舱外壳，也用了陶瓷材料。

瓷器不仅记录着历史，也记录着我们的当下。

瓷器之所以能够获得如此广泛的运用，首先要归功于这种材料本身丰富的优点，比如坚硬、耐磨，不惧风吹日晒，不怕寒来暑往。

它是人类最早发明的材料，一直伴随着人类文明的演进，不但没有被新技术新材料取代，反而穿越时间的长河，在人类生活中扮演越来越重要的角色。

它是人类最了不起的黑科技，是最为昂贵的奢侈品。它引领全世界时尚风潮长达数百年，曾是中西方最重要的贸易商品之一，也是中西方文化交流的纽带。

法国历史上最著名的国王路易十四，被称为"太阳王"。著名的凡尔赛宫就是他授命兴建的。他还为自己心爱的第二位王后曼特农夫人建造了一座宫殿，叫"大特里亚农宫"。这座宫殿用了大量蓝色和白色的瓷砖，看上去就像是一件巨大的青花瓷，宫殿里自然也摆满了来自东方的瓷器。于是人们干脆把这座宫殿称为"瓷宫"。欧洲的很多国王对此羡慕不已，甚至纷纷仿效。

我工作和生活的地方，紧邻昌江河，与浮梁古县衙近在咫尺。

浮梁是景德镇市所辖的大县，如今少有人知，但其实历史上，也是鼎鼎大名，其成名甚至远在景德镇之前。白居易千古绝唱《琵琶行》中，就有"商人重利轻别离，前月浮梁买茶去"的名句。而后来景德镇即使声名远播，其实一直也是归浮梁县管辖。浮梁县因此成为一方大县，派驻的官员，常常高至五品。而一般的县令，不过七品。

至少明代以来，县衙就在现在的位置，因而数百年间，行政中心便在此处。周围一带的田地里，到处散落着各朝各代的古瓷片。前几年，城市改造，还经常能够发现一些碎瓷的填埋坑。对于陶瓷爱好者来说，这无异于阿里巴巴发现四十大盗的宝藏。即使没有找到填埋坑，这一带的瓷片仍然多到令人难以置信的地步。有段时间，我每天下午在门口大路上漫步，常常因田间的瓷片而不时停下脚步。有时某块菜地刚刚翻过，还会有许多"新"的瓷片暴露出来。虽然大都不值几个钱，却是一手的资料，满是历史的印记。一块瓷片便能引出一段故事、一些知识。这些瓷片虽然只是陶瓷史的局部，不过有一天，或许拼起来，便是一部不一样的陶瓷史。

既然是写史，当然就不能过于碎片化。

我选取了瓷器发展历史上十多个重要的节点，尝试勾勒出整个发展的历程。而在这个成长的历程中，工艺是它的骨架，历史、文化与美学则是血肉。

对很多人来说，生活中不能缺少的有阳光、空气、水等，它们都是我们不会注意的存在，一直陪伴我们从不缺席，一旦缺失，就会让人措手不及、方寸大乱。瓷器比它们都沉默。谁能意识到，陪伴我们的还有瓷器？试想一下：一杯水，那个盛水的杯子；一碗饭，那个盛饭的碗。没有杯碗，你用什么喝水吃饭？

　　人们对于瓷器，感到熟悉而又陌生。

　　这本书就是带领大家走近这个悄无声息中记录着人类文明的事物，去了解瓷器的历史文化，它的成长，它的故事。通过它，去了解我们的祖先，了解我们自己一路是怎么走来的。

　　瓷器，是历史的见证，是最日常的器物，也是人类最了不起的黑科技。

　　我是涂睿明，邀请你和我一起，来探寻瓷器的前世今生。

第一章

青白瓷

南宋 官窯 青瓷花插

去年的一天，我正在上海博物馆的陶瓷馆里拍摄一些瓷器的照片。一个十岁出头的小男孩走了进来，一眼看到我面前的一个大瓶，就兴奋地对他爸爸说："爸爸，爸爸，你看，这么大的玉！"这个爸爸一听就笑了，说："傻孩子，那不是玉，是瓷器。"

　　不过我心里暗暗嘀咕："你一个大人走进了陶瓷馆，当然知道这里面都是瓷器。"但实际上，孩子的感觉完全是对的。因为这种瓷器，在唐宋时期，就被称为"饶玉"。如果不是在陶瓷馆，你还真不一定能够分得清楚它和玉器。

　　那么，这到底是什么样的一种瓷器，居然还能得到玉的美名？

这种瓷器白里泛青，青里透白，釉面非常温润，很像青白玉。当时，它还有一个名字叫"假玉器"，这个名字就暴露了它的身份。不过，后来人们就不再把它和玉扯上关系，它也有了一个很有诗意的名字叫"影青"。

它更正式的名称叫"青白瓷"。这个名字很有意思，因为古代陶瓷从唐代开始走向成熟，其中最重要的两种就是青瓷和白瓷。一直到宋代，青瓷和白瓷仍然是最重要的两个大类，而青白瓷就好像把这两种瓷器综合了一下。这种综合需要很厉害的能力。好比手机性能好的，颜值也许不高；颜值高的，性能可能又不好；颜值又高，性能又好的，可能又太贵。但青白瓷就做到了，它确实是综合了青瓷和白瓷的优点。

我们先来看看青瓷与白瓷各有什么优缺点。

青瓷是历史最悠久的瓷器品种。我们今天说的原始瓷器，多数就是青瓷。首先需要说明一下，"青瓷"和"青花瓷"虽只有一字之差，但完全不是一回事，因为这个"青"字在两者中的意思是完全不同的。青花的"青"其实是指蓝色，而青瓷的"青"绝大多数情况下都是指绿色。

青瓷也不是某一种瓷器，而是一类瓷器。它是陶瓷史上历史最悠久的瓷器。如果把瓷器的历史比作修行的话，我们就可以理解为青瓷在人间经历了上千年的修行，是迄今修行最久的瓷。我们耳熟能详的很多著名的古代窑口，它们烧制的都是青瓷。比如著名的唐代秘色瓷，所谓"秘色"其实只是一种青灰色；宋代的汝窑、官窑、哥窑等等，都是青瓷。甚至历史上朝鲜也烧制青瓷，而且有一段时间水准非常高，完全可以和宋瓷相媲美。

虽然都是青瓷，但是色相上并不相同，有的甚至差别很大，就像青蛇也会有很多种一样。比如，我们描述汝窑时经常说的一个词是"天青"。周杰伦唱的《青花瓷》里有句"天青色的烟雨"，出现在描述青花瓷的歌曲中是不太恰当的，天青是青瓷的颜色，而不是青花瓷的。当然，你说周董纯用它来渲染气氛，不是指青花瓷的颜色，那也没问题。我们只要记住天青比较淡。

此外，龙泉青瓷中有一种色相，叫"梅子青"。就是青梅煮酒的梅子，大家可以想象一下我们吃的青梅的颜色。后来还出现了冬青、豆青、粉青等。到了清代，因为青瓷的烧制技术

北宋 定窑 花卉纹盘

南宋 龙泉窑 青瓷莲瓣碗 13 世纪

瓷器里的文明碎片

已经非常成熟，几乎到了想要烧什么青色就能烧什么青色的程度，想偏蓝一点、偏绿一点、偏深一点或偏浅一点，都完全是信手拈来，所以就不再去为各种青色取名了，只是做一些深浅上的区分，比如"粉青"就是比较淡的青色。

青瓷还有一个特点，就是釉面常常显得很温润，有玉的质感。这一方面跟它本身的质地有关，另一方面也和工艺有关，那就是青瓷很多品种的釉层都比较厚。而釉层厚其实还有一个原因，这就跟青瓷的缺点有关了。

是的，再帅的男人也有缺点，即便修行千年的青瓷也是如此。

元代以前的青瓷，已经有很丰富的色调，水准也已经比较高了，但一直有一个问题，那就是瓷胎不白。所谓"胎"，就是釉面下面的瓷器部分。我们知道，瓷器主要由胎和釉面两个部分构成。拿人来做类比，釉好比人的皮肤，而胎就是肌骨。青瓷的胎一直就不白。

汝窑的胎被称为"香灰胎"，就是烧香烧出的灰的颜色。龙泉青瓷的胎叫"铁胎"，你可以想象铁的颜色。好在青瓷的釉是有颜色的，而且很多时候是半透明甚至不透明的，因此能

北宋 青白瓷碗

唐代 炭白穿带壶

把胎体的颜色遮盖起来。青瓷胎体的颜色不白，这其实是当时的技术和原材料的限制所导致的。汝窑也好，龙泉窑也好，当地的瓷土要烧白瓷，很困难。

而这就造成了表里不一的结果。明清两代官窑仿制汝窑、龙泉窑的窑口的作品时，就都已改用白胎，说明当时就觉得这是个不足，改进了。

所以青瓷釉厚和胎不白有很大关系，有点用来遮丑的用意。这就是瓷器世界里的"一白遮百丑"吧。

而北方的白瓷呢？白色其实一直受大家的喜爱。所以白瓷在产生之初就与青瓷各占半壁江山，白瓷的"白"与青瓷的"青"所指不同。青瓷的"青"是指釉色，就是它的皮肤色。而白瓷的"白"指的是胎体的颜色，它的釉其实是透明的。所以白瓷的釉一般就比较薄，跟青瓷比起来，那种玉的质感就很难体现出来。而且当时的白瓷还达不到明清时的白度，有点微微泛黄，所以更容易让人联想到象牙的质感，而不是玉。

由此可见，青瓷、白瓷的优点刚好是互补的。

这个时候，青白瓷横空出世。它几乎结合了青瓷和白瓷的优点。就像是两个各有所长的个体，在一个命运指定的时刻相遇了，瞬间迸发出绚烂的火花，孕育出一个全新的更美的生命。它既有青瓷的温润，又有白瓷的质感。在有的釉比较厚的部位，还会呈现出淡淡的青绿色。所以，后人也给了"影青"的美名。事实上，现在有学者认为，青白瓷就是南方烧青瓷的窑口尝试烧制北方白瓷的结果。所以说，从青瓷与白瓷的故事看，我们以后千万不要再有地域偏见。

虽然青白瓷取得了这么高的成就，但我们今天说起宋代的瓷器，首先想到的是五大名窑，而五大名窑之中并没有烧青白瓷的。

为什么会这样呢？

首先，五大名窑的说法本来就不靠谱，它是古玩行里流行的一种说法。虽然说并不是完全没有道理，但要把这个当标准、当定论，那就大错特错了。举个例子，五大名窑中排名最高的是柴窑，这里的"柴"是五代时期后周皇帝的姓氏，不是烧柴的"柴"，但是从一开始就没有人见过柴窑的瓷器，以至于后来人们就把柴窑从五大名窑中给拿掉了。所以，五大名窑其实并不能代表当时瓷业的整体状况。

其次，青白瓷的产量巨大，而所谓"物以稀为贵"，因为

元　景德镇窑　青白釉划刻缠枝莲花纹玉壶春瓶

元　景德镇窑　青白釉划刻缠枝莲花纹玉壶春瓶

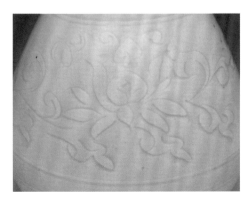

它数量多，所以长期以来在古玩收藏领域就不特别受重视。

那么青白瓷的地位到底如何呢？

让我们回到公元1004年。这一年发生了一件大事：北宋与辽国在经过二十五年的战争后签定了一份盟约，这就是历史上著名的"澶渊之盟"。据说，辽国还有一个附加的要求，就是要皇帝赠送一批产自昌南镇的瓷器。那么，这个昌南镇是个什么地方呢？

"昌南"这个名字，我们现在好像很陌生，大多数人都没有听过。不过，在公元1004年之后，这个小镇改了一个名字，更改后的名字就被大家所熟知，那就是"景德镇"。而这个小镇为什么会在这一年改名呢？是因为宋真宗这一年改了个年号，叫"景德"。宋代皇帝一般都有很多个年号。不像明清时期的皇帝只有一个年号，比如雍正、乾隆其实都是皇帝的年号。所以说起宋代的皇帝一般是不说他的年号的。而景德元年昌南镇进贡的瓷器宋真宗非常喜爱，于是让昌南镇在之后烧制的瓷器底部要写上"景德"的字样，景德镇也因此而得名。它原来的名字，似乎就被忘记了，但其实并没有，只是用另外一种方式被人们记住，那就是china。一种观点认为，china就是"昌南"

的音译。

　　而当时备受皇帝喜爱的景德镇出产的瓷器，就是青白瓷，即假玉器。事实上，当时青白瓷不但深受皇帝的喜爱，在民间也广受欢迎。受欢迎到什么程度呢？当时，虽然数景德镇的青白瓷烧制得最好，但因为产品需求实在太大，所以周边地区都纷纷开始仿制。不但江西全省有很多地区烧制青白瓷，烧青白瓷的窑口还遍布到江西周边的六七个省份。可以想见青白瓷受欢迎的程度。

　　青白瓷的出现是当时制瓷业进步的结果。随着技术不断进步，南北方的技术交流也在不断扩大。更为重要的是，青白瓷的出现为元代青花瓷的出现打下了非常好的基础。可以说，如果没有青白瓷，就不会有后来的青花瓷。

　　那么，青白瓷与青花瓷到底有什么样的关系呢？这个修行的瓷器家族，在后来的历史长河中又经历了什么？

第二章

惊釉

南宋—元 龙泉窑 青瓷贯耳弦纹壶

前些天见到一个好久不见的朋友。他远远地看见我就说："容光焕发哈，皮肤很赞，就像是脸上涂了一层釉。"不知道的人就会问了："釉是什么？""釉"就是瓷器表面那层物质，它光滑，坚固，防水，耐腐蚀。如果我们把瓷器想象成一个人，那么釉就是人的皮肤。

　　瓷器的这层皮肤不但光滑、细腻、美观、大方，而且可以看作是它的"武装"。

　　我们知道有句话叫"没有金刚钻，别揽瓷器活"。我们一般都认为，这话表明瓷器很硬。但实际上，假如你想要在瓷器上钻个洞，首先要钻开的是釉，而釉层是极为坚硬的，一般的工具根本就拿它没办法。另外，有没有釉，是瓷器区别于陶器的一个重要特征。而瓷器的很多优点，其实也是因为有了釉，比如容易清洗、耐腐蚀等等。

瓷器中有一种现象叫"惊釉"。釉既然这么强大，那为什么会受惊呢？惊釉到底是什么样的状况呢？惊釉是指釉面产生了裂缝。注意，惊釉仅仅是指釉面裂了，但瓷胎本身没有裂。

我们日常都会有这种经验：不小心碰了一下瓷器，瓷器裂开，釉面自然就裂了。但是惊釉仅仅是釉裂了，而瓷器本身并没有。这种状态，就好像是一个古典美人被吓了一跳，花容失色，但是身姿仪态还是那么端庄。不得不佩服咱们老祖宗的比喻。

接下来的问题就是，为什么那么坚固的釉面会裂？这需要了解一点有关瓷器烧制的知识。

釉和胎是两种物质，釉包裹着胎，都是在高温下一次性烧成。在高温下，无论釉还是胎，都会发生化学变化，冷却之后就会变成我们最后看到的样子。我们稍有一点物理常识就会知道热胀冷缩。如果釉收缩得快，而胎收缩得慢，釉面就会拉裂。

你可以想象一下，面部皮肤紧绷，绷得太厉害，把皮肤都绷裂了。

如果是局部的釉裂，就是"惊釉"。如果是整个釉面都开裂了，就叫"开片"。注意这个"开片"，后面还要专门讲到。

"惊釉"的"惊"字，用得非常好，非常传神。因为釉面开裂，不是慢慢地裂开，而是突然一下，常常还会发出很清脆的"叮"的一声。特别的是，如果整件瓷器的釉面发生开裂，那是非常有意思的。因为开裂的过程，在开窑之后，要持续很长一段时间。开始的时候，"叮叮当当"的声音不绝于耳。当然很快就慢下来。虽然慢下来了，但这个过程仍然会持续很长时间。甚至在几周以后，时不时地还会发生。这个时候，如果你正在工作或看书，边上一个瓶子突然"叮"的一声，你说不定就会一惊。如果这种情况发生，那么就是惊 you 了，you 就是英文中的"你"。给大家开个小玩笑。你可以想象一下那样的画面，釉的突然开裂。

有些读者会说："惊釉不就是一种瓷器生产过程中的问题吗？这有什么值得特别讲的呢？瓷器的问题很多啊，我不知道原因，但这不影响我选购或者欣赏瓷器。这种问题，即使我没

宋　哥窑　青瓷瓶

有专业知识，难道就看不出来它是裂了吗？"

没错。你还真不一定能看出来。

很多时候，有些釉面开裂的瓷器放在你面前，你是完全不知道的。比如历史上著名的哥窑瓷器看上去表面有细密的纹理，很漂亮，多数人会认为那纹理是一种装饰，但本质上就是釉面开裂了。

虽然釉面开裂是制瓷过程中的技术问题，但古人却从中发现了一种特别的美，以至于把它当作一种特殊的装饰手法、一种特别的工艺。而且这种工艺还在历史上产生了非常大的影响。哥窑就是其中的代表。哥窑是宋代五大名窑之一，而五大名窑中的一大半，其实都与这项工艺有关。

哥窑瓷器的裂纹非常细密，同时完全没有规则。这种裂纹很像冰里的裂纹，所以后来称为"冰裂"。它还成了一种特别的纹饰。在很多领域，包括家具、建筑、服装，当然也在瓷器当中大量地运用。我们经常见到，古代的窗户上有一种全部是由斜线分割而成的图案，那其实就是冰裂纹。写字画画的宣纸，也常常印有冰裂纹。明末的大文人李渔在《闲情偶寄》中设想把整个房子做成瓷器的样式："满房皆冰裂碎纹，有如哥窑美

宋 官窑 大瓶

器。"当然，瓷器上也大量运用了冰裂纹。比如：青花瓷上就经常画冰裂纹，还常常把它和梅花组合在一起而成冰梅纹。

除了哥窑之外，五大名窑中的汝窑和官窑也都有开片（整体的釉面都裂开了）。特别是官窑，它的开片一般比较大，纵横捭阖，非常有气势，呈现出来的特质就和哥窑很不一样。

由此我们可以看到，虽然陶瓷的工艺非常重要，但审美可能更为重要；当审美达到一定的高度，连问题都可以变成一种美。这有点像制作霉豆腐，化腐朽为神奇。

这种把问题提升到美学高度的，并不只有开片，还有窑变。所谓"窑变"，举个例子，本来你想烧红色，结果烧出来之后，有的地方却变成了绿色，这种意外的变化就是一种窑变，有时候还能变出出人意料的美感。后来，人们就特意去追求这种意外的变化。另外，日本特别推崇那种歪歪扭扭的茶碗，也是把工艺所产生的问题上升到审美的高度。

最后，还要补充说明一点。

宋代的"官窑"和我们现在所说的"官窑"有点不一样。我们现在说的"官窑"按照一般理解就是给皇帝烧瓷器的窑，不管它在什么地方。但一般讲明清官窑，指的就是景德镇窑。宋代"官窑"，虽然的确是给皇帝烧瓷器的，但更重要的是烧出的瓷器的底上有的会有"官"这个字。所以，宋代的"官窑"是个特指，而不是泛指。而且，宋代的"官窑"可以说是陶瓷史上第一次出现的真正意义的官窑。

虽然唐代已经开始大量烧造瓷器，但是瓷器本身难登大雅之堂，特别是完全没有办法跟金银器相提并论。大部分唐瓷是比较廉价的，是普通人用的，甚至大量地用作随葬品。我们熟悉的唐三彩，大部分都是随葬品，以至于中国的古玩界一直不重视它，直到近代，因为深受西方人的喜爱和重视，才声名鹊起。

但是到了宋代，瓷器的整体形象和地位就大大地提升了。甚至连皇帝也对瓷器产生了浓厚的兴趣。我们在前面就讲到，景德镇的得名源自宋真宗的喜爱。而后来，皇家更是专门建立了官窑，中央政府直接投资并管理的窑口，相当于现在的央企。这就更进一步地刺激了瓷业的发展。皇帝以及他的官窑，成为推动制瓷业发展的一股重要力量，从而正式登上舞台。在此后千年的陶瓷发展史上，发挥了巨大的作用。

这里我们和大家讲到陶瓷制作过程中所产生的一种问题。

它具有特殊的视觉效果，因此后来变成了一种人们主动追求的审美，并产生了不局限于陶瓷内的广泛影响。整个过程犹如一个天才的诞生，他在出其不意的方面发展并获得成就，从而得到所有人的尊重。所以，陶瓷绝不简单只是一种产品，而是整个人类文化史上最为重要的文化现象之一。其丰富的程度，远远超过人们的想象。

　　这里面的有趣故事，我们还会在接下来的章节中，跟大家分享。

第三章

青花瓷

青花鱼藻纹花口斗笠碗

虽然大家都对青花瓷这个名词再熟悉不过，但古代真正的青花瓷究竟是什么样，到底为什么会有这么大的名气，说实在的，普通人根本就不清楚。其实，大多数人印象中的青花瓷跟古代的青花瓷是不一样的，我们今天看到的青花瓷基本上都是现代工业的产物。

　　那么，青花瓷在人类历史上到底产生了什么样的影响？为什么会有这么大的名气？它又是如何被制作出来的？接下来，就要跟大家聊一聊。

　　青花瓷在古代的影响到底大到什么程度呢？

　　1687 年，法国国王路易十四建造了一座宫殿，叫"大特里亚农宫"。路易十四是法国历史上名气最大、在位时间最长、最牛的国王，有个称号叫"太阳王"。太阳王统治时期是法国历史上最强盛的一个时期，法国当时称霸欧洲，差不多正值我们清代的康熙皇帝在位。太阳王，用中国的话说，也可以算得上是文治武功。著名的凡尔赛宫就是太阳王路易十四建造的。而大特里亚农宫是他为第二位王后，也是他后半生的精神伴侣——曼特农夫人——建造的。这座宫殿的非常特别之处在于建筑装饰大量采用蓝色与白色的瓷砖，看上去就像一件巨大的青花瓷，瓷宫中当然也摆满了来自中国的青花瓷，于是人们干

青花鱼藻纹花口斗笠碗

脆给它取了个别名——"瓷宫"。更准确的叫法，应该是"青花瓷宫"。遗憾的是，瓷宫的外部后来都被损毁了。今天我们如果去参观，已经看不出青花瓷的样子了。但从之前的文字记载中我们就可以看出当时法国国王对青花瓷的狂热，这种狂热并不仅仅席卷法国，也不限于宫廷，而是全欧洲自上而下的流行风潮。

当时，青花瓷在欧洲可以说是最为昂贵、最为流行的奢侈品。今天的任何一个奢侈品品牌跟它比起来，那都是小巫见大巫。即便是香奈儿、路易威登这样的产品，其流行的程度也完全无法和青花瓷相比。

这是西方的情况，那么中国呢？在中国，青花瓷表面上好像没有受到西方那种狂热的追捧，其实也可以说是独领风骚的。上至皇帝，下至普通百姓，都非常喜爱。尽管这个时候瓷器的品种已经非常丰富，但其他瓷器还是无法和青花瓷相提并论。

除了是流行风尚，是奢侈品，青花瓷还是那个时代全世界最顶尖的黑科技。有多黑呢？在青花瓷登陆欧洲后的一百多年间，欧洲人连青花瓷是如何烧出来的都弄不明白。17世纪，欧洲有一个与牛顿齐名的大科学家，叫莱布尼茨（Leibniz），现在大学数学里最基础的微积分就是他和牛顿同时发明的，微积分的基本定理就叫"牛顿 - 莱布尼茨公式"。这个莱布尼茨曾经提出过一个关于瓷器产生的理论。听这个理论的名字你就知道它有多么不靠谱，这个理论叫"水成论"。他认为瓷器的形成与水的压力有关。可见，瓷器的制作，对于当时的欧洲来说，是相当神秘的黑科技。

那么，如此高端、奢侈、流行、高科技的青花瓷，到底是怎样制作出来的呢？

简单地说来，制作一件青花瓷主要有四个步骤。

首先是成形，就是把瓷泥做成你想要的样子，如做成一个盘子或一个碗的形状。

成形的方法很多，在古代最主要、最重要的一种叫"拉坯"。有一部非常著名的电影叫《人鬼情未了》，很多人都看过，其中的主题曲也很流行。当主题曲在电影中响起，画面就是女主人公在拉坯。拉坯这个工艺很古老，几乎在陶瓷诞生之初就用。一直到今天，手工制瓷仍然是在轮车上完成。现在的轮车除了比古代先进，工艺上其实没有什么差别。当然，你如果没有学过拉坯，会觉得有点难。

拉坯

不过，更简单的成形工艺，其实我们都很熟悉，那就是"捏"。我们小时候玩泥巴，现在的孩子玩橡皮泥，捏法都是一样的。而且"捏"这种工艺到现在仍然在运用，特别是雕塑类的瓷器，如果你想做个小猫小狗，都可以捏出来。

当然，不管用哪种工艺，做青花瓷的第一步都是成形，就是把想要做的样子做出来，无论是做个盘子，还是做碗，或者做个小动物。这步完成之后，就要等这个形体干，然后再进行第二步。

其次是画青花。

画青花的方法与画国画差不多，用的都是毛笔。当然，画国画用的是墨，画青花用的是青花料。青花料是一种矿物原料，跟墨其实有点类似，本身是灰黑色的，也是靠水来调浓淡。因为烧出来的青花是蓝色的，所以很多人误以为青花画的时候也是蓝色的。

香港大导演李翰祥拍过一部电影，叫《风月奇谭》，讲了三个风月场上的故事，其中一个故事就发生在景德镇的一家制瓷作坊里。因为在作坊里拍，所以有很多制瓷的场景。看得出来道具经过了精心布置，可惜基本上都是错的。最显著的一个

瓷器里的文明碎片

拉　坯

拉

坯

瓷器里的文明碎片

错误就是画师画的青花都是蓝色的。

　　虽然画青花也发展出一些特殊的工艺手法，但总体上和画国画差别不大。所以我有朋友来景德镇，无论大人孩子，我都会让他们体验画青花。去年在上海与无印良品合作，也是画青花。就算你完全不会画画，随便几笔也可能产生意想不到的效果。

拉坯 —— 利坯 —— 画坯

接下来是上釉。

上章我们专门讲过釉。釉就是瓷器表面那层光滑坚固的物质，在烧之前是泥浆状的。上釉就是把釉这种泥浆涂满坯的表面。把画好的坯完全浸入釉中，是最简单的办法，现在也还在使用，但并不是只用这样的方法。随着工艺的进步，发展出了很多上釉的工艺，但目的只有一个，就是把釉涂满泥坯表面。

完成上釉之后，最终就是烧窑。

青花瓷要经过1300℃的高温，而且要烧制很长的时间。古代烧一次窑，要三天三夜，现代烧窑技术和设备都大大地提升，最快只要几个小时。在古代，烧窑是整个制作过程中最难的部分。因为古代的科技不发达，对温度无法用科学仪器来测量，只能凭经验。你可以想象一下，在没有仪器设备的情况下，要掌握窑里的温度是1250℃，还是1300℃，这得有多难。

经过这四个步骤，一件青花瓷就制作完成了。完成之后的青花瓷表面有着一层透明的釉。它就像一层光滑细腻又坚固的皮肤。整个工艺流程和步骤，从陶瓷诞生之初，就差不多已经是这样了，后来并没有太大的变化。所以，烧制青花瓷看上去并不复杂。但是，这只是表面的工艺流程。它背后所包含的工艺和技术，远不像看上去的那么简单。特别是把它放到元代，你会发现，这简直是一个不可能完成的任务。

为什么会这样呢？

青花鱼藻纹花口斗笠碗

明 青花缠枝花卉纹大盘

第四章

元青花

（一）

每次有朋友来景德镇，我都会带他们看看青花瓷的制作过程，并鼓励他们尝试一下自己画青花瓷。不管是专业画家，还是完全没学过画画的小朋友，其实上手都很容易。而且等到烧制完成，他们拿到自己画的青花瓷的那一刻，都会无比兴奋。有一次，一个小孩子，画着画着，觉得画得不好，就开始乱画，最后干脆把整个盘子涂满了青花色料。没想到，烧好之后，效果居然还很不错。所以，很多朋友觉得，制作一件青花瓷好像并不复杂。

　　但是，回到它诞生之初，这简直就是一个几乎不可能完成的任务。为什么会这样呢？

我们要从青花瓷产生的三个条件说起。从技术的角度来说，青花瓷的诞生，至少需要三个方面的准备：透明釉、白瓷以及好的蓝色。

首先，釉必须是无色透明的。如果釉是不透明的黑色，那么青花图案就会完全被釉盖住。

其次，瓷要白。如果把青花画在黑色或者蓝色的表面上，效果肯定都要比画在白色上的差很多。这跟美女化妆要先打粉底、把脸涂白是一个道理。

再者，青花要蓝。这句话说起来轻松，但真要烧得蓝，并不容易。事实上，现在已经可以把青花的出现追溯到唐代。但唐代的青花瓷，白的不白，蓝的也蓝得不漂亮。你就算看到了唐代的青花瓷作品，恐怕也认不出它来。历史上，从烧出蓝色到烧出漂亮的蓝色，中间隔了好几百年。所以说，要烧出漂亮的蓝色，是件非常困难的事情。

以上就是青花瓷诞生的三个条件，三者缺一不可。就有点像铁人三项的比赛，对一个普通人来说，完成一项都很困难，更别提要同时完成三项了。

那我们再分头看看青花瓷的"铁人三项"到底难在哪里。

瓷器里的文明碎片

我们先来看透明釉。早期的釉主要就是黑釉和青釉。

为什么会这样呢？主要是因为釉里面含有铁元素，含铁量高就变黑，含铁量少就泛青，当然，铁再少就会成为无色透明的。这就是透明釉的出现要晚得多的原因，因为技术上要求更高。宋代时，北方白瓷的釉已经是透明的，而南方青白瓷上的釉也已经非常接近无色透明了。到了元代，透明釉这方面就已经完全没有问题。

接下来看第二个条件——瓷白。瓷白不白，其实主要和制瓷的材料有关，就是要有好的瓷土。一般来说，一个地方有好的瓷土，才可以烧出好的瓷器。景德镇就是这样一个地方。但是，到了南宋后期，经过好儿百年的大量开采和使用，景德镇优质的瓷土材料渐渐少了。于是，瓷器品质整体上就呈现出下降趋势。当时，要想烧制出优质的青花瓷，首先要解决的是优质瓷土资源匮乏的问题。如果无法解决，瓷业将面临整体走向衰落的危机，这也是景德镇瓷业发展史上最大的一次危机。

这个危机是怎么解决的呢？靠的是发现了高岭土。这可以说是整个瓷器史最具划时代意义的一次重大发现。

不过，这里有一个很大的误解，一般人们会以为高岭土特别好、特别珍贵，可以取代以往的瓷土材料，但事实并非如此。首先，高岭土其实是一种全世界广泛分布的材料，欧洲、美洲、亚洲到处都有，谈不上什么珍贵。其次，它不能单独用来烧制瓷器，必须和传统的瓷土材料进行配比，之后才能大大改进瓷器的品质。有点像我们做菜时要放调料，可以让菜更好吃，但我们并不会直接吃调料。这种加入了高岭土的瓷土配方在陶瓷史上非常重要，被称为"二元配方"。可以说，高岭土以及二元配方的出现，是陶瓷史上最伟大的一次技术进步。

接下来是第三个条件——色蓝。

好了，有了透明釉，还攻克了瓷白这个大难题，现在只要有好的青花料，青花瓷就可以烧出来了。不就是蓝色料吗？但这个问题更加困难，因为中国没有好的青花料。最好的青花料产自波斯地区。要知道，放在今天，人们都会觉得伊朗和中国之间有着一段遥远的距离。那可是在元代，对当时景德镇的匠人们来说，那真是远得难以想象的"远方"。

且不说这么远的距离，青花料的运输得有多困难了。就是想要得到青花料的信息，都几乎是不可能的！不像现在，我们有互联网，可以全世界找信息，当时可没有。所以，这样一种特殊的瓷器需要的原料竟如此独特，产自如此遥远的国度。最终如此伟大的产品得以完成，简直是一件不可思议的事。

你可以想象一下：八百多年前，你在中国的一个小城市想吃麻辣烫，可是没有辣椒，全中国都没有辣椒，也不知道地球上什么地方有辣椒，但是最后竟还真吃上了麻辣烫，是不是个奇迹？

对，元青花的诞生，就是这样的奇迹。那么，这个奇迹是怎么发生的呢？

其实，古代波斯地区一直非常喜欢蓝色。今天都能看到他们的建筑物中有大量蓝色的运用。但和欧洲一样，他们一直无法生产出瓷器，只能烧制出陶器。他们比欧洲人更早接触到中国的瓷器，非常喜欢，也一直想把蓝色的装饰用在瓷器上。随着贸易的畅通，在元代很多波斯人来到中国做生意。一些人就带着青花料来到景德镇，看看能否在景德镇定制出他们想要的产品。

经过无数次试验之后，最后在景德镇真的成功地烧制出优质的青花瓷。当然，因为本来就是波斯人的订单，这些青花瓷大多也就出口到波斯地区。所以，元代最优秀的青花瓷，今天最重要的收藏都在中东，其中收藏最多的是土耳其，其次是伊朗。

这样，釉透、瓷白、色蓝三方面的技术准备终于完成。但是，这仅仅是必要条件，只是准备工作完成。真正的困难还在后面。

烧制瓷器是不能一项一项完成后再组装起来的，而是在窑火中一次性烧成的。这样一来，烧制的难度就不是三者相加，而是相乘了。任何一个部分在烧制过程中出了问题，都会直接影响到最终的效果，甚至很可能功亏一篑。如果青花烧得好，胎也烧得白，但是釉太厚不够透，那成品给人的感觉就像是雾里看花。或者，釉透，胎也白，但青花的色调不好，结果也会大打折扣。这就好像铁人三项赛，你不是一项一项比，而是一次比，所以任何一项出了问题，直接就输了比赛。

我们现在很难知道当时的工匠是如何克服这些困难的，但一定是经历了一次又一次的失败，一次又一次地总结经验，最终才获得了成功。这个过程也使制瓷的工艺水平得到了巨大的提升。最终，景德镇在此后的数百年间彻底打败了其他所有的窑口，一统江湖，成为陶瓷世界绝对的霸主。

元代的青花瓷虽然取得了杰出的成就，奠定了景德镇作为瓷都的基业，但历史上，人们却在很长一段时间里根本就不知道元青花的存在。全世界认识元青花，仅仅是最近几十年的事，这实在是令人匪夷所思。为什么会这样呢？

第五章

元青花

（二）

元 青花缠枝牡丹纹梅瓶

2005 年 7 月 12 日，伦敦佳士德举办了一场拍卖会。这场拍卖会可以说具有划时代的意义。这听起来好像太夸张，为什么会这么说呢？

首先，在这场拍卖会上，一件瓷器最终以折合人民币 2.3 亿元的价格成交，创造了中国古代陶瓷艺术品拍卖的新的世界纪录。这个钱在当时相当于多少购买力呢？ 2005 年，北京的房子均价是每平方米 8000 元。用买这件瓷器的钱，当时在北京可以买差不多 300 套 100 平方米的住房。

不过，价格还不是最重要的。最重要的是，它让一个新词深入人心。那就是"元青花"。这件拍卖的瓷器就叫"元青花鬼谷子下山大罐"。

也正是从这个时候开始，"元青花"这个词家喻户晓。以至今天人们说起青花瓷的时候，第一个想到的就是元青花。而且对于多数人来说，除了元青花，就不知道还有什么青花了。

而在这场拍卖会之前，除了学术界，可以说全世界都根本不知道元青花的存在。而且，把时间再往前倒推几十年，你要是说出"元青花"几个字，一定还会被行家取笑。因为在民国之前的很长时间里，世界上根本没有人知道元青花的存在。要是你在民国时期买了个青花碗，碗上有元代的年号，这就好比你今天在古玩市场买了个碗，回去发现上面写着"微波炉专用"。

这种巨大的反差，实在是匪夷所思。为什么今天路人皆知的元青花在历史上消失了六百多年呢？

上章我们讲了青花瓷产生的三个必要条件，其中之一就是要有好的青花料。但中国并不出产优质的青花料，它盛产于波斯地区，而且波斯地区还非常崇尚并流行蓝色的纹样装饰。虽然路途遥远，但波斯人仍然克服重重困难，带着优质的青花料来到了景德镇。经过艰苦努力，最后终于成功烧制出漂亮的青花瓷。烧制出来的青花瓷去了哪儿呢？当然是被波斯人带回了

元 青花缠枝牡丹纹梅瓶

自己国家。用现在的话说，这种贸易就叫"来料加工"。

我们知道，明代之后青花瓷在国内已大受欢迎。但为什么在元代国内就没有什么记载呢？这么漂亮的瓷器，难道元人就完全不待见吗？中国人当时不喜欢这种瓷器，那为什么后来的几百年里青花瓷能一统江湖呢？

严格来说，青花瓷的技术要到元代中期才算成熟，考虑到元朝统治时间不足百年，再减去王朝末世战乱的时间，青花瓷产量有限，因此当时青花瓷并未在中国大规模流传开。现在普遍认为的是，元朝中央政府喜欢使用的瓷器还是以白瓷为主，青花瓷实际上大部分只是为了出口而生产。

这是官方的情况，那民间呢？

我们在上文说过，优质青花瓷当时完全就是顶尖的黑科技，好的青花料甚至要从万里之遥的波斯进口，所以价格极为昂贵，民间难得一见自然不足为奇。而烧得不好的青花瓷，实在不具备什么吸引力。况且深受中国传统文化熏陶的民众短时间内也不太容易接受充满异域风格的青花。比如，现在我们已经知道，唐代就已经有青花瓷，但根本没流行起来，这很可能与民间接受程度有关。

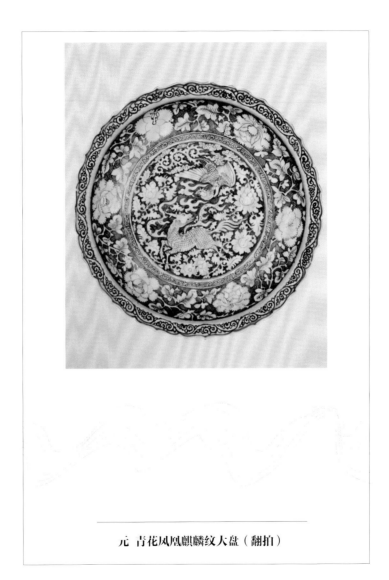

元 青花凤凰麒麟纹大盘（翻拍）

元 青花鱼藻纹大盘

元 青花麒麟花蝶纹盘（翻拍）

元 青花凤首壶（翻拍）

元 青花凤首壶

　　总结一下元代青花瓷的状况：好的大部分出口了，剩下优质的中央政府又不喜欢，老百姓也不一定喜欢，就算喜欢也见不到，见到了也买不起。在经历了多次改朝换代之后，能流传后世的作品是极其罕见的。

　　因此，后世不知道元代烧制青花瓷，也就在情理之中了。元青花就这样在历史上暂时消失了。偶尔有流传于世的元青花作品，也都被认为是明代的产品。

　　那么，元青花后来又是怎么被发现的呢？

元 青花鱼藻纹罐

这还要从一件被当作赝品的瓷器说起。民国时期，英国大收藏家大维德爵士来到中国，在古玩商手中看中了一件青花大瓶。这件瓶子的脖子上还写了很多字，记载的是某年某月某日因为什么原因烧制了一组什么瓷器，这个瓶子只是这组瓷器其中的一件。一般来说，古物身上有文字，特别是有纪年的文字，这件古物的价值都会大大增加。因为文字包含大量信息，非常重要。可是，这件青花大瓶瓶身上的文字却成了这件古董是赝品的证据。为什么呢？

因为这件瓶子上的文字纪年是"至正十一年"，而"至正"是元代皇帝的年号。当时古玩界的共识是元代根本就没有青花瓷，青花瓷出现在明代。这就是我们前面说的，这瓶子只差没打上"微波炉专用"！所以，当大维德爵士把这件瓶子买走的时候，中国的古董商都觉得老外挨了宰。大维德对这个瓶子上的文字非常感兴趣，文字甚至还记载这瓶子是一对的。而且，另外一个后来居然还被他找到并买下了。

不过，大维德爵士得到这对元青花之后，也没有对它们进行特别的研究。一直到20世纪50年代，一位美国学者看到这对大瓶，非常感兴趣，并以这对大瓶为研究的起点，走访各地的博物馆，进行了大量对比研究，最后正式提出了"元青花"的概念，并得到了学术界的认可。自此，隐没数百年的元青花，才算重见天日。而这对大瓶今天也被称为"大维德瓶"。

元青花虽然算得上是杰出的成就，但在当时的影响力确实非常有限，以致在明清两代五百多年的时间里彻底从历史上消失不见。而青花瓷真正大放光彩，还要到数十年之后的明代永乐、宣德时期。这一时期，整个制瓷业进入了一个新的阶段，达到了一个前所未有的高度。但这个新的高度却不是由青花瓷来体现的。

那么，是什么样的瓷器标志着陶瓷史一个全新时代的来临呢？

元　钧窑　天蓝紫斑盂

第六章

钧窑

在古瓷收藏中，民间一直流传着这样一个说法，叫"家有万贯，不如钧瓷一片"。这话当然有些夸张，而且多半是古玩商捣鼓出来的，其实就是个广告，就像今天的"钻石恒久远，一颗永流传"，都是套路。不过，它也的确从一个方面体现出钧瓷的地位。

　　钧瓷被认为是宋代五大名窑之一，而宋代瓷器可以说是中国陶瓷史乃至人类文明史上的一座高峰，如果从这个角度来看，钧瓷的地位是不得了的。

　　关于钧瓷，还有一句话，叫"钧瓷带红，价值连城"。什么意思呢？钧瓷的主要色调偏蓝，紫色也比较多见，而且常常是几种颜色交杂在一起，变化很多，但红色非常非常少见。所以，如果一件钧瓷上只要能看到一点点红色，那就立刻身价百倍。

如果我们把这两句话连起来，那就更有意思。就是说，万贯家财才能买一块钧瓷的瓷片，那一件完整的钧瓷的价格就更不可计算了，而完整的钧瓷中带有红色的又是凤毛麟角，你可以想象一下这样的瓷器该有多贵。

那么，为什么带点红就这么不得了呢？我们今天到处都能看到红色的瓷器，现在还特别流行一种叫"中国红"的瓷器。而为什么看到一件瓷器上出现了一点点红色，古人就跟打了鸡血似的呢？

原因是，在当时的技术条件下，要烧出一点红色，实在太难了。为什么难呢？

因为要烧出红色，需要的矿物原料主要是氧化铜。而氧化铜要烧出红色，又主要对两个方面的要求极为严格：一个是温度；另一个是氛围，也叫气氛。什么是气氛、氛围？是不是要窑工们在烧窑的时候唱歌跳舞，以营造热烈气氛呢？当然不是。这里说的"氛围"指的是窑内的氧气或一氧化碳的浓度。

金—元 钧窑 丁香紫渣斗式花盆

金—元 钧窑 天蓝紫斑圆盘

先看温度。高温红釉烧成的温度大概是 1280℃。如果相差了 10℃ 以上，就有可能完全烧不出红色，要么发黑，要么什么都没有。我们今天去博物馆，可以专门去看一下明代洪武时期的釉里红瓷。绝大部分都不够红，要么烧黑了，要么灰得根本就看不出是红色。明代早期，烧红都是很难的。

在古代，是没有仪器可以测量温度的，完全要靠经验，靠眼睛的观察。1280℃，还是 1290℃，想想这有多难控制，要积累多少年的经验。所以，景德镇有句行话讲"十年出不了一个把桩师傅"，把桩师傅就是负责烧窑的师傅。

除了温度，还要对窑内氧气和一氧化碳的浓度进行控制。一氧化碳就是我们俗话说的"煤气"的主要成分。要知道，当时根本不知道什么氧气、一氧化碳，对这些原理还完全不清楚。控制氛围，主要是靠控制空气的流动。比如，要让一氧化碳浓度高，就要让窑内封闭，不让新鲜空气进去，这些也都要凭感觉和经验。而烧窑的整个过程要几天几夜。在这个过程中，一个时间段出现问题，都有可能让所有的努力功亏一篑。

所以，现在我们知道，烧出红色在古代有多么大的难度。

那么，在宋代，想要烧出红色该怎么办呢？答案是没办法。

如果一定要说办法，那就是碰运气。

所以，烧红是古代陶瓷烧造技术中难度最高的挑战。这也就是为什么说"钧瓷带红，价值连城"。

偶尔出现局部的红色已经是如此了不起的成就，那要是通体红色，甚至是红宝石那种耀眼夺目的红色，大家可以想象一下，该是多么不可思议。这就好比，你是个小学三年级的学生，现在考试，突然要你做大学高等数学的卷子，也许你还能蒙对一两道选择题，但如果要求必须满分，可想而知这难度有多大。所以，在那个年代，烧出完美的红瓷，完全是想都不敢想的一件事。

事实上，中国人花了整整 500 年的时间，才登上了这座制瓷史上的高峰。那个时候，历史的车轮已经滚动到了明代。当然，这个过程并不是突然完成的，进步也是一点一点取得的。

实际上，元代时期，随着制瓷技术的整体进步，景德镇窑已经开始用红色进行彩绘，并且成功地烧制出了漂亮的釉里红瓷器。所谓"釉里红"，就是把红色直接画在坯的表面，然后再上釉，之后再烧。烧成之后，红色实际上是在釉的下面，这和青花的位置是一样的。这就好像我们现在给手机贴膜，青花

明 宝石红釉盘

和红色都是在外面被贴了层釉膜。古代历史上，像这种釉层下面的彩色绘画，种类很少，主要就是蓝和红，早期还有黑色，但后来不太用黑色了。

那"釉里红"和通体是红色的"红釉瓷"有什么关系呢？简单的理解就是釉里红是用红色画画，而红釉瓷是用红色釉把瓷器完全覆盖。

听起来，前者应该更难才对。用刷墙来打比方，红釉瓷就相当于把墙刷成红色，而釉里红就是在墙上用红色画画。相对来说，画画的技术含量肯定更高，但在瓷器上不是。偶尔画出的红色烧得深，对画本身影响并不大。朱元璋时期，很多釉里红被烧黑了，皇帝仍然用。因为虽然画不够红，但画面还在，就算像墨色，也很好看。但是通体红色就不一样。如果某个局部不好，就意味着这件作品的失败，所以在技术上它的要求其实比画要高得多。

但釉里红的成熟为烧制通体红色的瓷器打下了良好的基础。在此之后，又经过近百年的努力，终于在明代的永乐、宣德时期取得了重大的突破。这一时期的官窑成功地烧制出了通体色如红宝石般的瓷器。显然，这意味着制瓷工艺达到了前所

宋 钧窑 葡萄紫葵花式花盆

宋 钧窑 葵花式花盆

未有的高度。然而这一高度仅仅维持了短短的几十年，宣德之后的一两百年里，又无法再烧出这种瓷器了。一直要到清代康熙时期，才又一次达到并超越了这一高度。

所以，你就可以看出，在整个古代，烧制高温红釉瓷是一件多么难、多么了不起的事。

因为太难烧制，所以关于烧红釉，民间一直有很多传说。以前还拍过一部电影，就叫《祭红》。故事的版本很多，但主要讲述的是皇帝欺压百姓，窑工久烧不成，到了最后的期限，窑工的女儿愤而跳进窑里，这才终于烧成了。当然，这样的故事并不可信，但从一个侧面反映出烧制高温红釉的难度。

宝石红釉瓷烧制的成功，标志着古代制瓷史上的烧制工艺达到了顶峰，因为没有其他任何一种瓷器能够比这种高温红釉更难烧。

那么，制瓷工艺在明代永乐、宣德时期达到的这个高度是不是已经让制瓷工艺达到了极限，从此就再没有突破的空间了呢？陶瓷史还会向什么方向发展呢？

清　道光　青花御窑厂图桌面（翻拍）

第七章

万历龙缸（一）

公元 1602 年，也就是明万历三十年。景德镇发生了一件会让一大批窑工掉脑袋的大事。什么大事呢？一批窑工冲入了专门为皇帝烧制瓷器的御窑厂，并一举把御窑厂给捣毁了。要知道，砸了皇帝的御窑厂，这跟造反没什么太大的区别。窑工们心里当然也清楚，这可是杀头的罪。这跟造反还不一样，造反成功了，你还能当皇上，是有指望的。可是，窑工们捣毁御窑厂，是捞不到什么好处的。那到底是什么原因使他们做出了这样的举动呢？而更为离奇的是，引发这一事件的窑工，最终不但没有被皇帝降罪，还受到了极大的封赏。这种封赏甚至远远超出一般的加官进爵。这到底是怎么回事呢？

一切还要从万历二十七年，也就是公元 1599 年说起。

先要简单介绍一下万历皇帝。明代的万历皇帝在历史上是皇帝中的反面典型。当然，他这种反面典型的特点不是说有多残暴，而主要是消极怠工、不理朝政，最著名的事例是几十年不上朝。这就等于皇帝自己带头不上班，天天纵情声色，吃喝玩乐。万历早期还想着要励精图治，采取了很多改革的措施，但后来完全就是消极怠工。而且，他还穷奢极欲，在瓷器上尤其严重，下达给御窑厂的任务常常一年就多达几十万件，这让窑工们苦不堪言。实际上，窑工经常无法按时完成皇帝下达的任务。所以，1599 年，万历为了加强御窑厂的管理专门委派了一名督陶官。这名督陶官叫"潘相"，他其实是皇帝身边的一名太监。万历派他到景德镇，还交给他一项特殊的任务，就是烧造龙缸。所谓"龙缸"，是画有青花龙纹的瓷器大缸。

今天我们在博物馆里还能看到一些明代的龙缸，最大的直径也就 70 厘米的样子。你可以试着张开双臂，做一个拥抱的姿势，两臂之间的距离差不多就是 70 厘米，甚至可能还更宽。所以，以现在的眼光看，这样的缸也没多大。特别是我们现在见到的大缸比那个时代的要多得多，也要大得多。比如，现在能烧出的最大的青花瓷大缸，直径超过 2 米。就是说，一个身高 1.8 米的人，站在这样的缸里，两手向两边伸直，都摸不到缸壁。

但是，在明代的技术条件下，要烧出直径为 70 厘米的大缸，其实是极为困难的。有多难呢？整个明代二百多年的时间里，一共也没烧出几件。而明代晚期到清代康熙之间将近一百年的时间里，更是完全无法烧制出这样的大缸。当时，万历想要青花瓷的龙缸，命令景德镇的御窑厂烧制。很长时间都没有能够成功，所以皇帝很着急，派出专门的督陶官来督办这件事情。

这里有一个问题，那就是皇帝为什么一定要烧龙缸呢？我们常常会有一个误解：皇帝嘛，有钱有权，所以能任性胡为，想做什么，就能做什么；瓷器嘛，皇帝有专门的官窑，那还不是想烧啥就烧啥。但实际上，皇帝也要受制于当时的技术条件。比如说，皇帝也不会突发奇想，要烧个直径 2 米的大缸。因为当时的人们知道这是不可能实现的。

而万历要求烧制龙缸，这是不是突发奇想呢？还真不是，因为之前的官窑就烧过，所以皇帝知道这不是一个不可能完成的任务。当然，并不是说，以前烧过，现在就一定烧得出来。比如，宝石红釉瓷器在宣德之后就再也没有烧制成功过。烧不出宝石红，皇帝也就算了，万历其实也没提这要求。

但为什么万历对这个龙缸这么执着呢？龙缸到底是干什么用的？这个谜其实在历史上长期没有答案，直到中华人民共和国成立以后，通过一次考古发掘才解开这个谜团。这里先卖个关子，等到后文再细说。

龙缸烧了很长时间都不成功，于是皇帝专门派出了督陶官，但派了督陶官就有助于完成这项任务吗？其实，一个太监哪懂得烧窑？皇帝已经三令五申，龙缸就是完成不了，督陶官能有什么办法？说到底，督陶官唯一能做的事，无非是用严刑峻法逼迫窑工。烧不好，拉出去打；再烧不好，杀头。诸如此类。当时确实就是这样做的。

但是，严酷的压榨根本无益于龙缸的烧制，反而让窑工的怒火越烧越旺。其中一个窑工，一怒之下竟然跳入窑里自焚，这一下子就点燃了所有窑工的怒火。这股怒火喷发出来，变成了集体反抗，而且反抗的强度越来越大，并持续了 3 年之久。最终，窑工组织起来，居然冲进了御窑厂，把督陶官吓得落荒而逃。愤怒的窑工无处发泄，竟然一举将御窑厂捣毁。放在任何时代，这恐怕都是极为严重的事件，差不多可以和造反相提并论了。

面对这样一起群体性事件，皇帝该如何处理呢？

对于皇帝而言，一般无非有两种处理方案：一种是处理窑工，一种是处理督陶官和安抚窑工。反正总要处理一方。但是，万历的处理方式堪称"神来之笔"。他既没有处分窑工，也没有处分督陶官。然而，不但民怨迅速平息，而且督陶官还复职了。可以说，它简直是历史上一次最为精彩的危机公关。万历处理的方式是把跳入窑中自焚的窑工封为"窑神"。

这位窑工叫"童宾"。从那时起，他就一直受景德镇制瓷业的供奉。直到今天，有些手工制瓷的传统作坊仍然保留着祭窑神的传统。虽然这起群体性事件得以平息，但直到明王朝结束，御窑厂都没有恢复元气。

这样一次偶然的事件居然就导致了整个御窑厂体制的崩溃，简直太不可思议了。毕竟，这还是老朱家的天下，毕竟，景德镇只是个小镇，连县都不是。皇帝居然连这都管不了？

这背后到底是什么原因呢？请看下回分解。

第八章

万历龙缸（二）

清 道光 青花御窑厂图桌面（翻拍）

上章我们讲了景德镇窑工的反抗。虽然它平息了下去，但是御窑厂却一直没有恢复元气。原因到底是什么呢？

表面上是严酷的压榨导致了窑工的反抗，但其实，龙缸事件只是一个导火索，更深层的原因是明代中期以来的税制改革，以及明王朝的财政制度。

明代在中期之后实施了一项重要的财政制度改革，就是把徭役改为税收。所谓"徭役"，就是免费为官府工作、干活。明代早期工匠不需要给国家交税，但是要给国家干活儿，这就是徭役。明代中期改了，工匠不再服徭役，而是交税。你看，这是一项进步的改革，我们现代社会其实就是这样。

对改革后的御窑厂来说，生产就变成了聘用窑工来干活儿。窑工现在都交税，不需要出工了，窑工们就没有了为皇帝的御窑厂服务的义务。因此，御窑厂要烧造瓷器，就必须从民间聘用窑工。

这看起来很合理，似乎应该也能使效率更高。但这里面有个问题：徭役变成税赋，没办法专款专用。什么意思呢？所有窑工一年中有几个月本来要给皇帝烧瓷器，现在不用干活儿，直接交税。理论上，皇帝烧瓷器的钱款就应该从这笔税款里面出，但是各种税被收上去以后，都是银子，别的地方要用，就用了。徭役不像银子，是没法儿挪作他用的。这样一来，等到皇帝真的要烧瓷器，需要花钱的时候，可能就没钱了，银子或许已被充作军费了。退一步说，就算有钱，皇帝可能又不愿意花在烧瓷这上面了。这倒不是节省，而是任何时候银子的数量都是有限的，对于一个欲望无限的皇帝来说，银子永远是不够的。

财政改革还带来另一个后果，由于以前徭役的总量是基本固定的，所以皇帝一年可以要求的瓷器数量基本上也是有限的。反正只有这么多工匠，每个工匠只能干多少天的活。但现在，皇帝可以不用管这些了。因为理论上就是用钱去购买瓷器，对于买家而言，只管出钱，完全不用考虑生产供应。

这就造成了一个情况，皇帝不想花钱，要的还更多。大家可以想想，你要是皇帝，你怎么办？

反正，皇帝就开始耍无赖了：利用皇权，强行摊派。税，你们该交的必须交；皇帝要的瓷器，你们仍然还是要烧。工钱嘛，不是不给，先欠着。皇帝还会欠老百姓的钱吗？还就真会。其实，窑工常常十几年都要不到工钱。这样一来，窑工们就苦不堪言，除了要交税，还要免费给皇帝干活。干这种活，不但要不到工钱，还常常是个无底洞。给皇帝干活占用大量的时间，税又不能少交，要交税就必须干别的活去挣钱，但大量时间又被皇帝安排的活占用了。

你想，以前规定一个窑工每年多长时间给皇帝干活，大家都觉得这挺正常；后来说，活不用干，你们交钱就行了，大家以为交钱就没事儿了；结果，皇帝又说，活还要干，钱嘛，该交的一个子儿都不能少。要是你，来不来气？

因此，龙缸事件其实只是一根导火索，是长期积累的矛盾的一次集中爆发。这也就是万历没有直接处理这些窑工的原因之一。毕竟皇帝自己也理亏，而且心想："要把你们真都宰了，那就没人烧瓷器了。"

虽然万历皇帝巧妙地平息了这一事件，但官窑却再也没能重建。为什么呢？

当时，中央的财政支出和皇室的个人消费是不分开计算的。你可能要说，那当然是不分的，天下都是他老朱家的，国库不就是他朱家的嘛。也对。早期这样做，确实没什么问题。朱元璋刚打下来天下的时候，一家子能有多少人，再怎么花，对一个国家的财政来说，花销其实是微乎其微的。但是到万历登基，老朱家坐拥天下已经快二百年了，子子孙孙的人数就多到恐怖了。明代中晚期开始，皇家的开支越来越大。一方面是因为皇族的大家庭人口越来越多，你想啊，朱元璋的子孙都靠中央财政养着，一代又一代，皇室的人口还呈几何级数增长。另一方面，当然是因为皇帝本人任性，乱花钱。

税收的管理又做不到专款专用。按照规定，窑工交的税应该全部留着，要烧瓷器的时候，就用这笔税款来开支。之前实行徭役制度的时候，当然没有这个问题，又不能把窑工挪用去打铁什么的。可见，矛盾是不断累积、不断加深的，直到最后爆发，导致御窑厂被毁。而且一直到明王朝结束，御窑厂也没有真正恢复。

回到上一章的问题：龙缸到底烧成了没有？又是做什么用的？为什么皇帝非要它不可？

我们知道，有个窑工不堪欺压，跳进了窑火中自焚。这个故事还有个带有传奇色彩的版本：皇帝要龙缸，督陶官欺压窑工，可龙缸一直烧不成；期限快到了，再完成不了，窑工都要被杀头；为了救广大窑工，窑神跳入窑火中。你当然可以猜到结果，肯定是烧成了，要不，神怎么是神。结局皆大欢喜：神嘛，是不会死的；皇帝呢，得到了龙缸；而窑工们也可以欢欢喜喜回家了。

故事很美好。不过，后来人们在很长一段时间里都没有看到万历时期烧制的龙缸实物。清代最著名的督陶官唐英，后来倒是发现了烧坏的龙缸，但就连他也没有见过烧好的龙缸。万历龙缸成了历史上的一件疑案，谜底最终揭晓，要到中华人民共和国成立之后。

1956 年，考古队开始了对万历皇帝墓葬——定陵的考古发掘工作。当考古队进入皇帝的主墓室后，发现墓室内就摆放着三口青花大龙缸。这三口缸是在墓室里点长明灯用的，这就解释了为什么皇帝那么执着，非要烧成龙缸不可。这毕竟不是一般的日用或者玩赏器物。

那么，窑神真的使龙缸烧成了？当考古人员仔细观察这几口大缸的时候，忽然发现了一个细节，彻底推翻了那个故事。什么细节呢？龙缸上有六个字——"大明嘉靖年制"，而嘉靖皇帝是万历皇帝的爷爷。这个窑神的谜团，终于解开了。但是，有关窑神的传说，却并没有发生什么变化，仍然在民间广为流传。即使人们已知道真相，也更愿意相信故事才是真实的。

这件由龙缸引发的血案以及种种谜团，终于尘埃落定。

第九章

克拉克瓷

克拉克青花瓷盘

有一次，我带儿子到上海博物馆参观。看到一块瓷盘，我跟他说："这种瓷器的名字很特别，叫'克拉克瓷'。"他马上说："爸，超人瓷啊！"他很喜欢超人，知道超人在地球上的名字就叫"克拉克"。听这个名字，你马上就可以猜到它肯定跟欧洲有关。的确，这种瓷器在欧洲历史上影响巨大，流行的时间超过 100 年。这种瓷器虽然在欧洲非常流行，却完全不是出产自西方，而是地地道道的中国瓷器。

　　为什么中国的瓷器会有一个这么西方的名字？这又是一种什么样的瓷器呢？

　　要解答这个问题，我们先要回到公元 1602 年的荷兰。

这一年，荷兰人打劫了一艘葡萄牙人的商船。荷兰人的打劫可不是像海盗一样把人家的货物抢光就完了，而是把整艘船都抢了回来。这艘葡萄牙人的商船刚刚从中国返航，船上载满了来自东方的货物，在所有货物之中，最重要的就是瓷器。荷兰人兴高采烈地把船开回了阿姆斯特丹。虽然他们满怀着丰收的喜悦，但那会儿其实并不知道这一船货物到底能值多少钱。当然，他们就更无法料到，这一次抢劫还将在欧洲造成延续百年的流行病。

商品到达阿姆斯特丹后自然要变现，怎么卖呢？开个店吗？不是，靠拍卖。你看，拍卖这个行业在四百多年以前的荷兰就已经非常成熟了。抢来的东西竟可以堂而皇之地被拍卖，而且老百姓也兴高采烈地对此习以为常。你也可以看出当时为什么会海盗横行了，抢劫反正不犯法。这次拍卖的过程非常火爆，完全超出劫匪的想象。特别是船上那些来自东方的瓷器，可以说引发了整座城市的狂热。拍卖的价格一路飙升，最终的拍卖所得让劫匪瞠目结舌。他们本来以为只是捞了点外快，没想到却是挖到了金矿。当时拍卖的总金额可以让他们在阿姆斯特丹足足买下 450 栋房子。这次真的让荷兰人尝到了甜头。当年，著名的荷兰东印度公司就成立了，荷兰人开始有组织地扩大与中国的贸易规模。毕竟，抢得了一时，抢不了一世。

东印度公司开始源源不断地将中国瓷器，当然主要就是景德镇瓷器运往欧洲，而且贸易规模急速扩张。很快，每年从中国运来的瓷器就达到了几十万件，最多的时候超过百万件。要知道，当时荷兰的总人口也不过 150 万。显然，荷兰人运来的瓷器不只供本国消费，还转售到欧洲其他国家。所以，瓷器的热潮迅速在欧洲蔓延开来。

这里需要说明一点，中国瓷器的对外贸易在宋代就已经有一定规模了，但当时的影响力远不及 16 世纪之后，特别是在欧洲。在此之前，欧洲人向往中国瓷器，主要还在国王这个层面，连贵族阶层都很少能接触到，并且数量极其稀少。哪个国王能拿出一两件中国瓷器，就足够嘚瑟半天了。当时主要靠陆路运输，路途实在太远，中间要经过无数不同的国家，这些国家间还常常在打仗。所以大航海时代之前，中国瓷器在欧洲是没有广泛影响力的。对普通人而言，充其量，"哥"只是个传说。

贸易的扩大迅速让瓷器流行起来，并引发了全欧洲的狂热。这种狂热到了什么程度呢？可以说，已经到了病态的程度，堪称

克拉克

青花瓷盘

克拉克青花瓷盘

一场流行病。这可不是我说的，当时欧洲人就直接称之为"瓷器病"，这可比现在为苹果手机卖肾要严重得多了。家家户户都以拥有瓷器为荣。很快，人们开始腾出房间来专门摆瓷器，干脆就叫它"瓷器屋"。最夸张的是之前讲过的法国国王路易十四，干脆建了一座宫殿，就叫"瓷宫"。当时，你要是没有点儿像样的瓷器，出门都不好意思跟人打招呼。

除此之外，这次拍卖还深刻影响了荷兰当地原有的制陶业。荷兰有座叫代尔夫特的城市，一开始仿制的是中国的青花瓷。当然，他们烧不出瓷器，只能烧出陶器，但是居然可以做到看上去和青花瓷没有什么差别，完成了对中国瓷器的成功"山寨"。这些产品在欧洲也获得了不小的成功，对于买不到也买不起中国青花瓷的普通人来说，买些代尔夫特蓝陶装装样子、充充门面，总比没有强。这跟我们现在买高仿奢侈品包包的做法差不多。当然，蓝陶与瓷器是有质的区别的，他们的这项"山寨"传统项目居然一直延续到今天，在欧洲的地位还不低。现在他们手工制作的仿青花瓷的蓝陶居然比景德镇产的手工青花瓷还贵。从这里我们其实也能看出，今天中国的手工瓷器的价值被严重低估了。

当时拍卖那批瓷器的荷兰人并不知道这种来自中国的瓷器到底叫什么，毕竟是抢来的嘛。所以，为了方便称呼，他们干脆用被他们抢来的船的名字来叫它。那种船叫 Carrack，意思就是大帆船，或者武装商船。于是这些瓷器就被称为 karrkporselein，直译过来，就是武装商船瓷器，而音译过来，就是克拉克瓷。当然，你现在知道了，它跟超人的名字其实没什么关系。

但是，这不就是出口到欧洲的中国瓷器吗？那是不是说出口欧洲的中国瓷器都叫克拉克瓷呢？也不是，克拉克瓷只代表了当时流行的一种风格，后来不断地还有新的风格、新的工艺出现。毕竟，大航海时代之后外销瓷的历史超过了 300 年。在这 300 年中，中国的瓷器烧制技术也在飞速发展。

克拉克瓷到底是什么样的，有什么特点呢？我们来看一块盘子。盘子的边沿一般有一个挨一个的窗户围成一圈，每一个窗户里又画着独立的图案，这样的装饰方法，叫"开光"。不是佛教讲的给法器开光，而是一种装饰的手法。这种手法在国内也有一定的运用，但还是在西方最流行，特别是在这种克拉克瓷上。

当然，克拉克瓷并不是指某种特定的风格，毕竟荷兰人是抢了一船瓷器。说白点，所谓"克拉克瓷"，意思就是一船瓷器。那船上其实有很多瓷器，克拉克瓷不过是最有代表性的。

这种风格流行了很长时间。我们今天在当时的大量绘画作品中还可以看到，特别是在当时荷兰的风俗画中。当时荷兰的绘画业非常发达，而且主要面向的是市民阶层，所以画的内容都是普通人的生活，而不是皇宫贵族的。克拉克瓷就大量出现在当时的画作中，有时是主角，有时只是出现在场景之中的点缀。

总而言之，克拉克瓷是大航海时代中国外销到欧洲的一种具有独特风格的瓷器。它的名字其实来源于荷兰人的一次抢劫，这次抢劫引发了欧洲对中国瓷器的狂热，又反过来刺激了中国瓷业的发展。

第十章　伊万里瓷

伊万里瓷托盏

前几年，景德镇中国陶瓷博物馆进行了全面改造。改造之后，我去了一次，只能用震惊来形容我的感受。之前，景德镇中国陶瓷博物馆可能就像个普通的县城博物馆。改造之后，无论是空间设计，还是布展陈列，都具有非常高的水准，甚至超过了国内很多非常著名的大博物馆。新馆在开馆之后，除了举办常设的展览外，还做了一次外销瓷的特展，规模甚至超过了上海博物馆的外销瓷特展。我去看了很多次，有时候一个人去，有时候带朋友去。

　　有一次，带朋友看展的时候，他看到一件瓷器，停下来问我："这不是日本瓷器吗？怎么会是中国的外销瓷呢？"再一

伊万里瓷壶

看展签，上面写着"伊万里瓷器"。这名字一看就是日本的，他更觉得自己说得有道理了。这到底是怎么回事？是展览的策划搞错了吗？还真不是。不过，要解释清楚这个问题，真是说来话长。

首先，伊万里是日本的地名，但是，伊万里这个地方却并不出产瓷器。

实际上，伊万里是日本的一个港口，并不是陶瓷的产区。但离它很近的一个叫"有田"的地方，却是日本最重要的陶瓷产区，一直到今天，有田烧都还闻名世界。当时日本出口瓷器，也是通过海运，所以伊万里就成了有田地区瓷器出口的中转站。欧洲人只知道瓷器是在伊万里买到的，所以把当时的日本瓷器都称为"伊万里瓷器"。

伊万里瓷器在康熙时期开始深受欧洲人的喜爱。在当时，作为一种新的风格，打入了欧洲市场。放在今天看来，这种事情再平常不过。某个地方出现了一个新品牌，并在国外大受欢迎，这是每天都在发生的事情。

不过，回溯历史，事情的发生就显得很不寻常，甚至可以说是不可思议。为什么这么说呢？因为这个时候中国的制瓷业

伊万里瓷花口碗

伊万里瓷花口碗

瓷器里的文明碎片

正如日中天，可以说正处于古代整个陶瓷史最辉煌的时期，而日本制瓷业还只是刚刚起步。

日本的制瓷业其实起步很晚，不要说跟中国比，比朝鲜都要晚得多。朝鲜的制瓷业在16和17世纪是根本无法与中国瓷业相提并论的，差距完全不止一个数量级，而日本制瓷业的起步还完全依赖于当时的朝鲜。今天日本人供奉的瓷业祖师叫"李参平"，就是个朝鲜窑匠，他于1616年在有田地区发现了高岭土。李参平的这项重要发现，加上他的制瓷技术，才把日本从陶的时代带入到瓷的时代。而这一年，努尔哈赤刚好建立后金，算是满族人真正开始建国的那年。从此时到康熙即位，中间也只有短短几十年时间。

为什么一个朝鲜窑工会跑到日本去创业呢？其实他也不想，只是没办法。16世纪末，丰臣秀吉对朝鲜发动了两次侵略战争。朝鲜当时根本打不过日本，只有向中国求援，万历皇帝两次都出兵帮助朝鲜迎战日军。丰臣秀吉在第二次入侵朝鲜期间病故，遗嘱撤军。虽然日本人在战场上没有占到什么便宜，却得到了一项影响深远的收获，那就是俘虏了一批朝鲜的陶艺、印刷、刺绣等师匠，并把他们带回了日本。而日本的制瓷业也由此起步，历史上甚至称这场战争为"陶瓷战争"。

日本瓷业虽然起步晚了，但好歹还是在朝鲜人的帮助下开始了。朝鲜的水平其实也不咋样，跟中国比差得很远，而这时候的日本瓷器居然可以抢占中国瓷器的市场，简直不可思议。打个比方，中国乒乓球队和美国乒乓球队打球，这时候有个小国家跟美国乒乓球队学习乒乓球，学了一阵子，然后再回过头来挑战中国乒乓球队，而且居然还打赢了几场。你就知道伊万里瓷有多么不可思议。

到底日本瓷器为什么会成功呢？主要有两个原因。

第一是遇到了一个好时机。当时，景德镇瓷的出口忽然出现了一个空白期。从康熙元年（1662 年）到康熙二十三年（1684年）的这段时间里，中国瓷器无法出口，主要是康熙因台湾问题采取了严格的海禁政策。而这段时间正是欧洲对中国瓷器需求极其旺盛的时期，需求得不到满足，只好在周边地区寻找替代品。对日本瓷业来说，这就是一个空前的好机会。

但是，光有机会是不够的，还得有实力抓住机会才行。日本瓷业当时得到了朝鲜匠师的帮助，而朝鲜本国的瓷业却没有能够抓住这次机会，那为什么日本做到了呢？因为在瓷业起步

伊万里瓷方形盖罐

伊万里瓷盘

瓷器里的文明碎片

之后，日本开始迅速向中国瓷业学习。而当时的学习，用今天的话来说，就是"山寨"。当然不光日本，其实全世界的制瓷业的起步，都是从"山寨"中国景德镇瓷器开始的。

不过，日本"山寨"中国瓷器，除了青花之外，还重点仿制了中国的五彩。伊万里瓷器就是在五彩基础上形成了自己的风格。五彩瓷虽然没有青花那么大的名气，但在当时已经是深受欧洲人喜欢的风格。这就是日本成功的第二个原因。

大家可能更糊涂了。说来说去，伊万里瓷还是日本瓷器啊！为什么会出现在中国外销瓷展上呢？

因为这种伊万里瓷器后来其实大都是中国景德镇生产的。中国瓷器出口的空白期截止到康熙二十三年，这一年清朝收复了台湾，海禁就解除了，海外贸易终于恢复正常。欧洲人那时候其实不太分得清日本和中国，后来也一直统称为远东。所以，贸易一恢复，这种具有伊万里风格的瓷器订单自然就会到达景德镇。欧洲人再次跑来景德镇的时候，除了带着以往的订单，还会拿着伊万里瓷器的样式说："这种你们能做吗？"对景德镇来说，伊万里瓷虽然风格上和以往的五彩有所区别，但技术上完全没有难度。而且景德镇生产外销瓷当时已经有一百多年

伊万里瓷盖碗

的历史，对各种来自欧洲的稀奇古怪的订单早已见怪不怪。所以，二话不说，立刻就开始生产。这一开工，马上就抢了日本瓷业的饭碗，毕竟那时候日本陶瓷的产业规模和景德镇完全不在一个量级上。同样的风格，景德镇不但烧得更好，还更便宜。这也是景德镇真正厉害的地方：我的是我的，你的也是我的；走别人的路，让别人无路可走。

所以，这就是在中国的外销瓷展上会出现"日本"瓷器的原因。

总而言之，日本人"山寨"中国瓷器，在一个特殊时期抢占了欧洲市场，但后来景德镇又"山寨"了日本人"山寨"中国瓷器的日本瓷器，抢回了这部分市场。

第十一章　珐琅彩

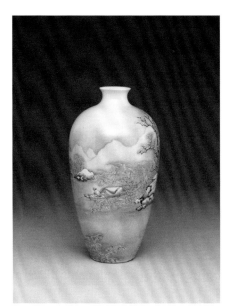

清　乾隆　洋彩东景山水梅瓶

假设我们要给全世界的古代陶瓷制品来做一个综合排名，排名依据包括工艺水平、艺术水准、影响力、文化价值、价格等因素，综合起来打分，在这个排行榜上位列第一的会是什么瓷器呢？我个人觉得，最有可能的就是珐琅彩瓷器。

　　也许你会说："怎么不是青花，不是粉彩，不是五大名窑？这个珐琅彩是个什么鬼？都没听说过啊！"别急。我们来具体分析一下。

　　先来分析一下珐琅彩的"珐琅"。珐琅，大家其实对它并不陌生，甚至可以说非常熟悉，只是大家不知道那就是珐琅。大家熟知的第一个就是景泰蓝。其实，景泰蓝的学名叫"铜胎

清　乾隆九年　洋彩黄锦地乾坤交泰转旋瓶

瓷器里的文明碎片

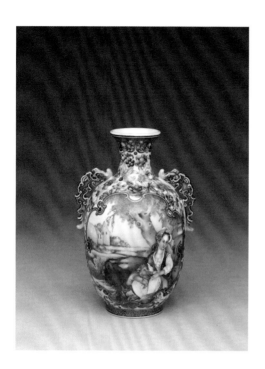

清　乾隆窑　珐琅彩开光花卉仕女螭耳瓶

画珐琅"，而珐琅彩瓷其实也可以叫"瓷胎画珐琅"。还有一种东西，80后、90后可能不熟，但20世纪70年代之前绝对可以说家家户户每天都离不开它，那就是搪瓷。我们以前最常用的搪瓷把缸的"搪瓷"，其实就是珐琅。

为什么珐琅彩瓷可以排第一？

以价格来说，拍卖价创纪录的瓷器，前十名里各种各样，有斗彩、元青花、宋瓷等等。但是，不能说，鸡缸杯拍卖价格最高，斗彩就是第一。就好比，你高考考了省状元，但不能说你们班就是全省最好的。拍卖价格可以是个参考指标，前十名里珐琅彩肯定有一席之地，所以珐琅彩是最贵的瓷器之一。在这一点上，青花、粉彩、宋瓷等跟它差不多打个平手。但珐琅彩有一点是其他品种比不了的，那就是珐琅彩瓷器中没有一件不贵，而其他品种的价格相差很大，有贵的，也有便宜的。比如，同样是斗彩鸡缸杯，成化的那件拍了2.3亿，而清代民窑的制品可能就值几万或十几万，差距悬殊。但珐琅彩不会，只要出现，肯定是天价。

接下来看看艺术水平。这个很难有定论。但大体上排在最前面的有几个：宋代的汝窑、官窑，元代青花，永乐和宣德的

清 雍正 珐琅彩瓷楮墨竹石图碗

清 雍正 珐琅彩青花山水把壶

瓷器里的文明碎片

青花等等。珐琅彩无疑也是第一梯队里的。

第三项，我们来看工艺水平。制瓷工艺是一个不断进步的过程，总体上越往后，工艺水平就越高。明代的制瓷工艺其实远远超过宋代，而清代又超过了明代。当然不是绝对地直线上升，而是螺旋形的，有时候也会有退步，但总体上还是进步。珐琅彩的生产主要集中在康雍乾三朝，这是中国古代制瓷史上工艺的最巅峰。这个时候，剩下的对手就不多了，青花能算一种，粉彩当然也是，而宋瓷在这个项目上就比不了了。

再看第四项，文化价值和影响力。文化价值上，排名靠前的还是宋瓷、青花、粉彩这几种，珐琅彩和它们算是打平。而从影响力上来说，宋瓷的影响力相对比较弱，而且比较间接，但青花非常厉害，全世界的制瓷业基本上都是从学习模仿青花开始的。珐琅彩的影响，最主要的是导致了粉彩的产生。在粉彩出现之前，青花是无可争议的江湖老大，统治陶瓷界长达三四百年。而粉彩居然就抢去了它的江湖老大地位，所以说珐琅彩的影响之大，仅次于青花。

说到这里，大家应该可以理解珐琅彩的地位了。我们并不是真的要分个名次，只是尝试说明珐琅彩在整个古代制瓷史上的地位到底有多高。实际上，珐琅彩还有一个非常重要的加分项，这里先卖个关子。它和我们后面要讲述的内容有关。

既然珐琅地位如此之高，那为什么普通老百姓都没听说过呢？而这种瓷器到底是从哪里来的呢？你可能会想："这还用问？肯定是景德镇的御窑厂了，官窑啊！"这个答案不能说全错，但也不全对。为什么呢？让我们回到清朝。

康熙皇帝在位的时候，大航海时代从开启到那时已经超过100年，中西方文化和贸易的交流正在迅速扩大。而康熙本人对西方文明一直就非常感兴趣。当时很多外国传教士就在宫廷里任职，他也因此接触了很多西方的科学、文化和工艺，这其中就有西方的珐琅装饰。珐琅在欧洲有着悠久的历史，古希腊时期就有了。珐琅的色彩很丰富，非常漂亮，被运用在很多工艺品上，如钟表、首饰等等。康熙在接触到珐琅之后也非常喜欢它。

当时，中国瓷器虽然如日中天，但也有一个问题一直得不到解决。那就是瓷器上能够使用的色彩很有限，主要就是红黄蓝绿，而且每一种颜色也没什么变化。所以这个时期之前的彩瓷主要是五彩，五彩后来还有一个别名叫"硬彩"。你一听这

清 雍正十年 珐琅彩黄菊花白地茶碗

清 乾隆 磁胎洋彩锦上添花玲珑胆瓶

瓷器里的文明碎片

个名字，就能感觉到色彩的使用是硬邦邦的。而珐琅的颜色不仅多，也更漂亮。所以，一个想法自然就产生了，能不能把珐琅运用在瓷器上呢？

这对皇帝来说不是个事儿，试试呗。

不过，马上就面临几个问题。

第一，皇帝高度关注这件事，但烧瓷器要到景德镇的御窑厂烧，离京城太远，所以皇帝没法直接指挥，连想了解试验进展的情况都非常困难。这就好比你现在迷上了做菜，刚打听到个菜谱，想试试，但食材在一个边远乡村，那里连电话都没有，你只能写信告诉那边的朋友，让他试着做这个菜。你可以想象一下这样的场景。你要是皇帝，会不会急死？

第二，这种试验所需的原料很珍贵，因为全部要进口，数量也有限。

第三，做这样的试验还时常需要西方传教士的协助，毕竟这本来就是西方传来的，但也不可能因为这事就派传教士常驻景德镇。

所以，皇帝的内心是不想把试验放在景德镇的。

但是，如果不放在景德镇的御窑厂，能放到宫里吗？宫廷里其实有个造办处。很多门类的工匠就在皇帝身边，随时可以为皇帝服务。但事情还真没这么简单，因为制瓷已经不是一门单独的手艺活。假如要做家具，可以找几个木匠，需要的工具也不多，运来木材，就可以在宫廷里做起来。但烧瓷器已经成了一条产业链，从原材料到每一道工序，都是一个庞大的体系，没有配套，什么也干不了。所以，放到景德镇去嘛，太远，皇帝不干；放到皇帝身边嘛，条件又不允许。怎么办？

这个看似无法解决的问题，后来还真想到了一个折中的办法，那就是分两步。第一步是瓷器的烧制，还在景德镇。景德镇把瓷器烧好后，运到京城，然后在宫里完成第二步——画珐琅。这是一个相对独立的环节，而且对工艺的要求比烧瓷器要低得多，只是在瓷器上画好珐琅之后，再低温烧制一次，而且低温烧窑远不如高温烧瓷器难。实际上，它有点像烤，只不过比烤白薯、烤串的要求高点。于是，陶瓷史上最重要的一次试验就在紫禁城里开始了，而且还成功了。但这个成功也真是来之不易，前前后后花了几十年的时间。

现在就可以把前面的谜底揭开了。排名时，珐琅彩重要的加分项是什么呢？那就是，它是唯一在宫廷里面最终完成的瓷

清 乾隆七年 磁胎洋彩海鹤来朝玉环胆瓶

清 雍正 珐琅彩柳瓷燕图碗

器。而且画珐琅的都是宫廷画师，皇帝甚至还让西方的传教士参与，其中就包括著名画家郎世宁。所以，珐琅彩的绘画水平就不是匠人可以企及的，由此可以看出为什么每一件珐琅彩都珍贵无比。

更为重要的是，珐琅彩直接导致了粉彩的产生。而粉彩出现以后，渐渐取代了青花，在外销瓷当中更是如此，这意味着珐琅彩反过来又在欧洲产生了重大影响。从西方传入的材料在中国发展变化，又反过来传回欧洲，甚至传遍全世界。可以说，又一次完成了材料、工艺和文化交流的一个全球大循环。在此之前只有几百年前的青花瓷做到了。

所以，陶瓷从来就不是一种简单的生活用品或者工艺品，它一直是一个全球的文化现象。

第十二章

七十二道工序

送客

小时候有篇课文叫《卢沟桥的狮子》，不知道现在的孩子还学不学这篇课文，我已经记不清楚这篇课文的具体内容了，但对桥上有狮子这件事印象深刻。所以每次去各地的旅游景点，过桥时，尤其是古桥时，常常都会留心看一下，桥上是不是也有狮子。一看，有动物的还真不少，而且最常见的就是狮子。不过，景德镇市通向市中心的桥却非常特别。桥柱上立的不是狮子，而是一个个人，而且每一个都姿态各异。

　　如果仔细看，就会发现这些人都在做瓷器。因为做瓷器的工序很多，所以每一个桥柱上的形象就都不一样。完整的一组雕像，景德镇中国陶瓷博物馆就有，一般有七十二座。虽然织布、打铁、木匠等的手艺不同，但它们的劳动场景一般都不会特别复杂。比如铁匠烧铁，打铁，把烧红的铁放水里"嗞"那么一下，整个过程在一个小作坊里都能完成。可制瓷怎么会有这么多不同的场景？青花瓷的制作流程，简单说就是四步。而这里居然有七十二座雕像，这个"七十二"，到底是统计的准确数字，还是泛指？又或者，这个"七十二"是不是有什么隐含的意思？

其实，这个"七十二"是有出处的，源自《天工开物》。这本书大家一定都非常熟悉。它记载了中国古代的很多科学技术与工艺，其中就包括瓷器。书里面有一句话流传特别广："共计一坯（杯）之力，过手七十二，方克成器。"意思就是：瓷坯要经过七十二道手续才能够成为瓷器。到后来，就演变成了"七十二道工序"的说法。

不过这里面其实是有很大的问题的。

首先，《天工开物》里讲的不是七十二道工序，古代的"七十二"很可能是个虚数，泛指手工业制作工序及分工细，说明了瓷器生产的规模大。整个工艺流程也许不止七十二道工序，因此是不准确的。

第二，书里面其实也没有详细记录有哪七十二手，只是象征性地记录了几道重要的工序。

第三，青花的工艺和斗彩的是不一样的。斗彩比青花要多一道画工，是要多烧一次窑的。这还只是青花和斗彩，如果要做一件雕塑瓷，比如做个小猫小狗，大部分工序就和做一件斗彩鸡缸杯不一样了。既然不同瓷器的制作工艺差别很大，那怎么能说做一件瓷器就是七十二道工序呢？

所以，七十二道工序这个说法其实并不是一个准确的说法。现代人整理出来的七十二道工序只囊括了比较重要的工艺流程，细节的工艺和工序根本就没排上号，也就略去不说了。

举个例子，让大家感受一下分工到底能有多细。青花瓷制作的流程大致有四个步骤，就是成形、画青花、上釉和烧窑。我们具体看一下"画青花"这个步骤。一般人以为，古代青花瓷画青花的部分，无论多复杂，都应该是由一位画师来完成的，无非是越精细，花的时间越多罢了。就像《清明上河图》，你知道肯定要花很长时间，但肯定是一个人画的，而在青花瓷上就完全不是这样。

画青花实际上分为很多工种：画山水、画人物、画花鸟、画纹样。画不同的题材是不同的工种，而一种题材之中，还要进行细分。在纹样中，主体的复杂纹样，比如龙凤，辅助的简单纹样，像边上的一些装饰，这都是不同的工种。就是在同一幅画面中，比如画龙纹时，勾线和晕染又是两道完全不同的工序，是两项独立的技术。

这就意味着，我们看到的一件画面比较复杂的青花瓷器，肯定是由多个画师共同完成的。这还只是画青花，粉彩、五彩的绘画又完全是另一套工序和工种了。可见，光是画这一项，就要分画青花、画粉彩、画五彩等几个大类；大类之中又要区分题材，比如青花山水、青花人物；而一个题材之中，可能还要细分。所以，画的分工数，细算起来，可能就已经超过七十二了。

这还仅仅是画的部分。在其他诸如成形、上釉、烧窑等流程之中，工艺也是高度细化，需要很多匠人共同完成。所以，对于《天工开物》里的这句话，不必纠结于具体的数字。我觉得完全可以想象这种场景：一个师傅完成第一步，马上交给第二个师傅去完成下一步，一双手交给另一双手，一个环节接着下一个环节，最终完成了一件瓷器的制作。

椿上

筛丝

泌砂

印士

卖土

炼土

修胎

据柴

烧窑

箍桶

装
桶

开铺

说到这里，我不知道大家会不会联想到现代工业生产的流水线。可以说，景德镇的瓷器制作完全就是工业时代之前的流水线生产，景德镇拥有人类社会的第一条流水生产线。

那么，为什么制瓷行业会形成如此细化的分工？我们知道，中国古代的物质文明是非常发达的。制作金银器、家具、玉雕等这些手工艺品的工匠们也都创造了很多辉煌成就，但它们都没有如此细化的分工。以和瓷器生产特别接近的紫砂壶为例，紫砂壶是陶器，大范围说属于陶瓷，和瓷器其实相似。在历史上，紫砂一度也很流行，现在在茶道中的热度其实已超过了瓷器。紫砂的工艺流程一直没有什么变化，一把壶从头到尾基本上由一位紫砂艺人来完成，尽管也有很多道工序。但是，在景德镇，同样一把瓷壶要很多匠人共同完成，要"过手七十二"。为什么单单瓷器行业会这样？

是因为瓷器制作本身就特别复杂吗？当然不是。从紫砂壶的例子就能知道，制作瓷器的复杂程度虽然比紫砂壶高，但其实两者并没有本质上的区别，而且现在很多陶艺家，或者手工作坊里的工匠，同样可以是一个人完成一件瓷器。所以，精细分工并不是制瓷工艺的复杂性导致的。那这样细的分工是为什么呢？

答案是：规模。

首先是市场规模。《天工开物》成书的时间是明代晚期。这一时期景德镇的制瓷业需要同时满足两个庞大的市场：一是国内市场，二是国外市场。而且，实际情况并不是景德镇面对全球市场，而是全球市场对瓷器的需求都指向景德镇。简直就是独此一家，绝无分号。

因为这个时候中国历史上存在过的窑口绝大部分都断烧了，其他少数没断烧的就算仍然存在，也只能烧制一些低端产品，完全无法和景德镇相提并论。这就好比有点手艺的木匠，有时候自己还能做两个凳子什么的，有时可能还到集市上去卖自己的作品。但这样的手艺人怎么和大厂竞争？当时，其他陶瓷产区大体上就是这样的状况。而欧洲呢？连这样的小作坊都还没有，他们还不会烧瓷器。

所以，景德镇当时是凭一地之力为全球提供瓷器产品。在这个过程中，景德镇制瓷业不断提高生产能力，扩大生产规模，而这一切，只有不断细化分工才能够实现。这也是一个良性循环的过程，越细化分工，产能就越大，工艺水平就越高，成本就越低，优势就越明显，市场地位当然就越稳固，而其他窑口则陷入了恶性循环。这就是现代社会所说的"规模效应"。

这一切的源头，当然可以回溯到元朝青花瓷诞生的时候，因为青花瓷是整个制瓷史上一次重要的技术突破。

瓷器里的文明碎片

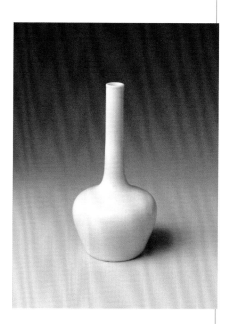

第十三章

雍正和十二色菊瓣盘

清　雍正　白釉暗刻云龙纹瓶

《国家宝藏》前一阵子刷了屏，特别是关于乾隆的那一集，雍正被儿子的农家乐审美观简直气得活了过来。实际上，在此之前，也有人专门做了一期微信公号文章对比两个皇帝的审美。总结一句话，那就是雍正的审美那真是没啥说的，而乾隆的审美，唉，也没啥说的。这意思，你懂的。

　　不过，乾隆皇帝的审美趣味真的那么低吗？未必，这个我们下一章再讲。先不讲乾隆，先来讲乾隆他爹的品味。

　　雍正皇帝的品味，现在只要是稍稍了解一点古代艺术的都知道，那叫一个高。在古代皇帝当中，堪称最高的，没有之一。但是，如果我们把雍正的审美品味等同于简约，那就大错特错了。雍正官窑中，一块盘上画九条龙的并不少见，这种盘子被画得满满的，九条龙以外的其他空间都被纹饰布满了。所以，不能把审美这件事简单化。那么，我们到底怎么去看这个文艺心满满的皇帝呢？

清宫的档案里记载着一件事。

1723 年，也就是雍正元年。这一年的 12 月 15 日，宫廷造办处给皇帝呈上了一张刚完成的桌子。桌上还有三把宜兴的紫砂壶、一个紫檀木茶盘、一个小瓷缸和两个青花小茶杯。

清 雍正 吹绿茶杯

清 雍正 珐琅彩瓷蓝鹊竹石碗

瓷器里的文明碎片

这个"宫廷造办处"可以简单地理解为专门给皇帝做各种东西的手工作坊，相当于瓷器中的官窑。因为瓷器制作是个复杂的产业链，所以没办法移到宫廷里，但其他的手工艺品多数时候由几个好匠人制作就可以完成，所以就设了这个造办处。什么木匠、石匠、玉雕师，都可以就近在皇帝身边，这个很好理解。瓷器那是没办法，以当时的条件，皇帝想烧点什么瓷器，光是这个想法传到景德镇，都得好多天，就更不要说烧出瓷器所需要的时间了。所以，古代皇帝就是想"剁手"，也没我们现在这么方便。鼠标点一下，一觉醒来，东西就到了。从宫廷造办处呈上的那组制品的清单可以看出，其中有些并不是造办处做的。

　　雍正皇帝看了之后对一些细节不太满意，就下旨要求进行调整："平面桌下中间放盛水缸一口，上添做缸盖一件，银水舀子一件，桌面上配银茶叶罐四件，银水壶一把，银凉茶壶一把，银里木盆一件，银屉子一件，银勺子一把，银匙一件，火夹一把，再安宜兴壶三把，茶圆四个，二个在盘子里放着，二个在屉子里收着，腰形茶盘一件，配做泥鳅沿，盘内做双圆套环，双圆内都要托足，往秀气里配合。钦此。"

大家马上感觉到："皇帝真有一颗文艺心啊，这么细腻！"的确如此，但雍正的要求其实比你以为的还细，举那段批红里的两个例子。

一是要求做腰形茶盘，而且要做泥鳅沿。什么意思呢？"腰形茶盘"就是指茶盘中部是往里收的，像收腰。而"泥鳅沿"是什么？就是茶盘的边要做成泥鳅背部的模样：细腻、光润，而且是拱形的。

二是茶桌上的茶杯原来有两个，皇帝要求增加到四个，但看上去仍然是两个，多的两个被收在专门制作的银质的屉子里。这样做有什么用意呢？没说，大家可以猜猜。

由此，我们就知道，皇帝高度关注细节，细腻到他关注的很多地方其实根本就不被常人所觉察。那你一定会觉得："乾隆的东西细节也很多啊！"对，这其实就是体现雍正品味的关键，他充分关注细节却不限于细节，这就需要极高的艺术修养与把控能力。

雍正是否有这样的能力？我们可以看一组作品。这是一组盘子，造型比较特别，盘子边沿有一圈像菊花的花瓣，所以叫"菊瓣盘"，一共有 12 种颜色。虽然看上去挺别致，但好像也

清 雍正 胭脂红釉花口碗

清 雍正 五彩仕女人物图盘

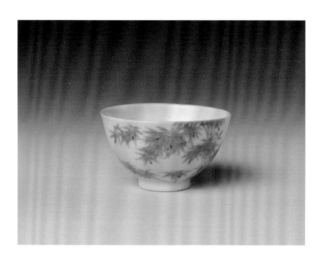

清 雍正 斗彩竹纹杯（一对）

瓷器里的文明碎片

没有什么特别了不起的地方。我们现在做各种颜色的瓷器可以说是小菜一碟，但是在雍正时期，这样一组盘子其实是高难度的作品。难在哪里呢？

首先难在颜色。如果一类瓷器没有什么装饰画面，整个是单一的颜色，这一类就叫"颜色釉瓷器"，我们熟悉的青瓷就属于这一类。古代在瓷器上能烧出各种颜色，其实靠的完全是科学。你想，就算画画用的颜色，其实也是有限的，更不要说瓷器的颜色了。瓷器是高温烧出来的，什么物质烧出来以后会变成什么颜色，这在古代是非常难以掌握的，所以颜色很少。瓷器发展了 1000 年，早期就是绿色、黄色和黑色，后来才出现蓝色和红色。而雍正这个时候，一做就做出了 12 种颜色，很了不起。

第二个困难，现在其实很难理解，那就是要把这些颜色均匀地覆盖在瓷坯的表面。这个在前面"烧红釉"的章节中讲过。在瓷器上，烧出统一的单一的颜色比用颜色画画其实更难，因为稍有一点烧得不好，整件作品都会很难看。要用到多种不同的方法，才能使这 12 种颜色覆盖瓷坯的表面，而且烧成各种颜色所需的温度还不一样。所以，我们现在就知道，十二色菊瓣盘看起来简单，其实工艺非常复杂，制作起来也非常麻烦。

　　御窑厂的窑工们不知道为这一组瓷盘耗费了多少心力。实际上，如果我们仔细观察，坦率地说，以一个现代人的标准来看，它还根本算不上完美，比如盘面的颜色中不少地方仍杂有黑点。但这并不意味着皇帝忽略了这些微小的瑕疵，只是说明了制作的难度。以为皇帝有钱任性，能为所欲为，这其实是个极大的误会，我们在《万历龙缸》里已专门讲过。所以，从这一组看似简单的作品中，我们能真切感受到雍正皇帝的文艺心。当然，它也体现出了他的品味。

　　了解这样一些工艺上的细节，我们才不难理解，这样一组看似简单的瓷器需要在细节上投入大量精力，它的制作难度其实超乎人们的想象。从这里，我们恰恰可以发现雍正品味的重点：高度关注细节，却不限于细节，对细节要求非常高，却让普通人根本注意不到细节的讲究。所以，雍正时期的瓷器常常能够展现出细腻高雅的格调，但细节本身却几乎让人难以觉察。从这个角度我们再来看乾隆时期的瓷器，有些让人们的眼睛只能看到细节，而整体却显得怪异扭曲。

　　所以说，雍正以其个人的艺术修养、对器物的敏锐感觉以

瓷器里的文明碎片

及高超的控制力将中国陶瓷提升到了一个全新的高度，无论是在工艺上，还是在艺术成就上。

虽然取得了这么高的成就，但其实也带来了一个负面的后果，那就是扼杀了多样性。从雍正朝开始，民间的制瓷业基本上就只会跟风。虽然官窑以前也常常引领潮流，但之前的流行风尚其实并不完全由官窑主导，很多时候其实是民间的流行影响了官窑，或者至少是相互影响。这是因为多数时候皇帝个人的影响力其实是非常有限的。但是到了雍正时期，官窑，特别是皇帝个人，几乎占了统治地位。这个时候，民间既缺乏创新的动力，又缺乏创新的能力。中国制瓷业开始遇到的来自西方前所未有的挑战更是逐渐放大了这种负面影响，中国瓷业开始走向无可挽回的败局。

第十四章

宋瓷、宋画和瓷画的变迁

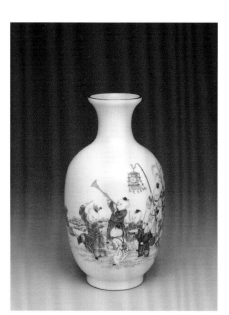

清　乾隆　粉彩婴戏图瓶

有次跟朋友聊天聊到宋代的文化。我说："宋瓷真是宋代文化的代表。"他说："是啊，'杨柳岸，晓风残月'，'大江东去，浪淘尽'。"我说："不是，我不是说'宋词'，我是说'宋瓷'。不是诗词的'词'，是瓷器的'瓷'。"

　　中国古代文化史上，宋代无疑是一个巅峰，是个神一般的存在。大家最熟悉的，当然还是唐诗宋词的"宋词"，这个完全不用解释。同时，可能很多人也认为宋瓷是瓷器史上的一座高峰。这当然没错，但却低估了它在整个文化史上的价值与地位。实际上，宋瓷已经成为中国古代物质文明中最经典、最有影响力的文化符号之一，就像明式家具。除了宋词和宋瓷之外，宋代的文化瑰宝还有一个，那就是宋画。宋画在绘画史上的地位那也是无与伦比的。

那么，问题就来了。我们已经知道，瓷器其实是一种综合性的艺术和工艺，很多艺术形式都会被它借鉴、消化、吸收，而影响最直接的其实就是绘画。可是，我们今天对宋代瓷器的印象是什么呢？汝窑、官窑、哥窑等都是颜色少，器形简约，而且几乎完全没有装饰性的图画。

宋瓷的器形、材质、颜色都非常好，但为什么没有把宋画给融合进去呢？要知道，皇帝重视绘画的程度其实是远远高于瓷器的，瓷器的地位实际上是比不过绘画的。那为什么不把绘画技巧用在瓷器上呢？

答案其实也很简单，那就是做不到。

虽然也有很多宋代的瓷器上有装饰画面，但这些基本上是靠雕刻来完成的，或者是靠模印。你可以简单地想象一下，把印章盖在一个面团上，面团上就会留下立体的文字。模印的原理就是这样，印上的当然主要是立体的花纹。宋代的制瓷业整体上其实还处在陶瓷历史上的青少年阶段，所以很多东西技术上是不支持的。在瓷器上绘画就是这样。

清 乾隆 粉彩湖绿地番莲盖罐

清　乾隆　轧道绿地粉彩山水人物图双耳瓶

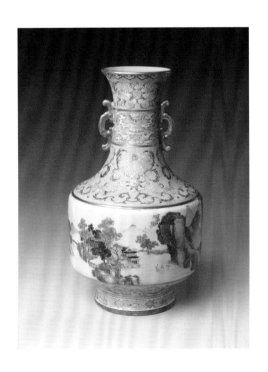

瓷器里的文明碎片

清 乾隆 轧道绿地粉彩山水人物图双耳瓶

首先，没有那么多的颜色。当时，能够用的颜色主要就是红色、绿色和黑色，而且也很单一。不像现在，光是红色，随随便便就能说出十几种，什么玫瑰红、胭脂红、大红、朱红等等。而在当时，红就是比大红色暗一点的红色。

其次，宋代瓷器虽然地位已经有很大的提升，但毕竟只是器皿，所以高水平的画师不可能参与瓷器的绘画创作，在瓷器上画画的都只是匠人。有的时候我们觉得宋瓷上刻画的一些画面生动洒脱，觉得那不是一般画家可以做到的，实际上那并不能说明匠人的艺术水平很高，只是熟能生巧而已。在瓷器上作画其实是非常困难的，但宋代以来的工匠一直尝试在瓷器上画画，从而使瓷器上的装饰更丰富，使瓷器变得更美观。

在此过程中，第一次重大的突破就是青花瓷，这体现在青花瓷上有了非常漂亮的画面，但青花瓷的画面还存在几个问题。首先，青花是单一的颜色。虽然中国画也有纯水墨的，但那不是全部，更多的画还是有多种颜色的。另外，因为瓷胎和纸张的材料不同，在上面作画的方法也就不一样，所以绘画在瓷器上的表现力其实是远不如纸上的。明代永乐、宣德时期的青花瓷是由宫廷画师给出画稿，匠人再用青花来临摹完成的，所以就比较接近水墨画的效果。这在整个制瓷史上已经是登峰造极的成就了。明代宣德朝之后，青花瓷上的画和画家的画相比，还是有很大差距的。

青花瓷出现不久后，五彩瓷也开始发展起来。这种瓷器就不是只有蓝色一种颜色了，但颜色仍然非常有限，而且硬邦邦的，没有变化。好比你要画一片花瓣，颜色要由深到浅，在五彩瓷上是完全没有办法实现的。一片叶子，一片花瓣，就只能是一种颜色。

清 同治 粉彩黄地梅雀纹碗

所以，无论是画面，还是色彩，瓷器上的绘画和纸上的绘画，一直就有很大差距。虽然经过了几百年的努力，但瓷器上的绘画并没有什么实质性突破。明代早期官窑的青花瓷的画稿中，还有很多是出自宫廷画师的手笔。到了明代中晚期，官窑衰败，青花瓷的绘画其实被交给了民间画师，特别是木刻版画的画师。就绘画的格调而言，很难说这是一种进步。工艺上也是如此，青花和五彩虽然越来越成熟，但本身的问题并没有得到解决。它们的工艺虽然一直在不断地提升，但范围有限。

然而，到了雍正时期，纸画与瓷画的界线就被打破了。今天，如果我们把雍正时期某些官窑瓷器上的画面单独提取出来，就很难分辨它到底是画在纸上，还是画在瓷器上的。这是因为当时出现了一项新的技术——粉彩。粉彩其实是在珐琅彩的基础之上产生的，而珐琅彩是在宫廷里面完成的，因此可以说粉彩继承了宫廷彩绘瓷的纯正血统：画稿基本上都出自宫廷画师的手笔，再由景德镇的匠师照着画稿画在瓷器上。

另外，康熙时期的珐琅彩全部都要依赖进口，到了雍正时期，开始自己做实验，而且非常成功地解决了色彩问题。不但使原来的珐琅彩的颜色全部都国产化，而且还增加了很多新的

瓷器里的文明碎片

色彩。当时还发明了一项新的绘画技术，彻底解决了陶瓷绘画的最大难题，那就是如何使一种颜色变得丰富而有变化。比如画一个桃子，如果想要写实，想要逼真，只有单一的红色肯定是不够的，要让桃子虽然看上去是粉红色的，但也不能整个都是均匀的粉红色。在绘画上这当然早就没有问题，但在瓷器上一直就做不到。

现在，一项新的技术解决了这个问题。它是怎样的一项技术呢？我们以画一个桃子为例来说明。

首先，勾出桃子的轮廓。然后，在轮廓里涂一层白色，这有点像女生化妆先要涂一层粉底。第三步，在白色上再罩一层粉红色。接下来，最重要的一步，用笔蘸水局部洗染最上面的那层粉红色。这样一来，洗得多的地方，粉色就淡，洗得少的地方，粉色就深。而且因为先涂了一层白色，它是不透明的，跟瓷器本身的白很不一样，所以淡的粉色和它配合在一起就会显得非常柔美，常常会给人一种粉粉的感觉。

粉彩这项工艺可以说是一种精妙的瓷器"化妆"术，它把瓷器上的绘画表现力一下子提到了一个新的高度，在艺术上已经几乎可以和纸上的绘画相媲美。

到了近代，科学的发达使瓷器上可以使用的颜色越来越多，瓷画工艺也越来越发达。今天，无论是中国画，还是西洋画，无论是写实画，还是写意画，都可以绘在瓷器上。随着技术门槛的降低，越来越多的画家直接在瓷器上进行创作。

甚至连一个初学绘画的普通人想要完成一件瓷器上的绘画作品，也算不上什么难事。说不定哪一天，你来景德镇游玩，都能亲自完成一件瓷画作品。

瓷器里的文明碎片

第十五章

官窑

明　成化　斗彩花鸟高足杯

曾经有一个对瓷器很感兴趣的朋友问我说："宋代五大名窑里的官窑是什么窑？"我说："官窑就是官窑啊！"他接着说："我的意思是，好比以前说贡茶，龙井茶是贡茶，碧螺春是贡茶。贡茶首先是某种茶，官窑应该也是这样啊！你看，明清的景德镇窑是官窑，好像听说龙泉窑也曾经是官窑。那宋代的官窑在哪里？是指哪个窑呢？"我说："宋代的官窑就是官窑啊！"他蒙了，说："你逗我啊？我问的是宋代的官窑是什么窑？"我说："你别急，我知道你的意思，可是宋代的官窑就叫'官窑'。就像一种茶取了个名字，叫'贡茶'，同时受到皇帝的认可，就成了贡茶，这下你懂了吧！"

瓷器里的文明碎片

为什么宋代的官窑这么"任性"呢？其实主要是因为宋代的官窑与后来的景德镇窑不同。景德镇瓷器的底上会有"大清乾隆年制""大清康熙年制"这样的字样，它就表明了官窑的身份。而宋代的官窑呢？有时候会看到宋代瓷器上刻有一个"官"字，就知道它出自官窑。而这个官窑历史上在哪里，其实是不大清楚的，所以就只叫"宋代官窑"。

虽然宋代以后的官窑多数就是指景德镇窑，但一直到明代的成化年间——就是烧了斗彩鸡缸杯的那个成化——官窑其实并不只指景德镇，龙泉窑也是官窑，虽然它的地位远远不如景德镇。

南宋 官窑 青瓷葵花式洗

南宋 官窑 青瓷长方盘

南宋 官窑 青瓷圆洗

瓷器里的文明碎片

明　永乐　青花番莲纹大球瓶

官窑，听上去都很熟悉，但实际上人们对于官窑的认识有很多误解。

第一个大的误解是官窑的要求极严，产品稍有瑕疵就会立即被砸掉。问题产品被砸掉这项制度有没有呢？有，但实行的时间其实并不是很长，大概从明代的永乐到成化，历时大概不到100年。而明清两代差不多600年的历史，所以在大部分时间里问题产品其实是不砸的。

特别是到了清代，瑕疵品不但不砸，在雍正时期还要全部送到京城，交给皇帝，皇帝还有用。乾隆时期就更夸张，居然下旨把瑕疵品直接卖到民间。大家一般都认为，皇家的东西是绝对不能随便流入民间的，但乾隆就这么任性。而且，圣旨下了之后，当时的督陶官唐英还上奏乾隆皇帝，提了个小意见，表示"您老人家当然想咋样就咋样，反正是您家的东西。不过，官窑瓷器里有两样，您再考虑考虑。一样是五爪龙纹的瓷器，一样是黄釉瓷器，这可都是皇帝专用的啊"。乾隆收到奏折后，还很认真地做了回复。看得出对这个意见还挺重视，但回复的内容很有些出人意料。皇帝表示"你说的也有点道理。黄釉瓷呢，就别卖了。但五爪龙这个算了，民间本来就到处都是，不管了，卖呗"。

第二个误解是认为皇帝对瓷器的品质要求极高。一件毫无瑕疵的完美瓷器，行内有一个说法，叫它"万里无云"，甚至有人说"官窑瓷器，件件都叫万里无云"。但实际上，任何时候谈产品质量都不能脱离当时的技术条件。

当时举全国之力烧造的最好的瓷器的质量，按现代的产品质量标准都不合格，甚至还远远不如你在超市里 10 块钱买的一个普通瓷盘。要是让现在一个普通人去当古代官窑的质检员，那明代的所有官窑瓷器中没有一件是合格的，清代的官窑会好一点，但一大半也是要被淘汰掉的。

曾经有个朋友拿到了我烧制的一件瓷器，然后说："你标注的尺寸不准，因为我拿游标卡尺量了一下，跟你说的有误差。"游标卡尺可以精确到 0.1 毫米，你看，随着技术的进步，现在人对品质的要求其实远远比古代皇帝要高得多得多。

第三个大的误解是认为中国古代陶瓷的辉煌完全就是由官窑烧制的，但实际情况并非如此。推动古代制瓷业发展有三股重要的力量：官窑，也就是皇帝的需求；民间的需求；海外的需求。这三股力量有时候齐头并进，有时候某一个会占据主导地位。明代早期的官窑，那当然是最主要的推动力量。但在明代晚期，官窑就成了阻碍瓷业发展的力量，我们在《万历龙缸》中就专门讲过。到了清代的康熙时期，可以说三股力量同时达到了顶峰。

其实，官窑只是整个产业链当中嵌入的一环。那么，官窑在什么情况下会起到积极的作用呢？主要取决于两个方面。

清 乾隆 白地斗彩花小盖罐

瓷器里的文明碎片

北宋　汝窑　青瓷水仙盆

北宋　汝窑　青瓷碟

北宋 汝窑 青瓷莲花式温碗

一是制度。清代的官窑，特别是康雍乾三代的，是嵌入整个产业链当中的。它不是单独的一个大作坊，并不是专门给皇帝烧窑，技术也不外传，跟民间没有任何关系，而是和民间有着充分的交流和协作关系。

很长一段时间里，很多官窑产品的前期制作是在御窑厂完成，后期的烧制就外包给民间，而且直接向民窑付费，一般还要高于民间的正常价格。这跟我们刻板的印象有所不同，大家总以为皇帝都是欺压百姓、占老百姓便宜的……由于这是皇帝的个人喜好，所以哪怕向民窑付的费用再高，也是皇帝个人掏腰包付费，不走中央财政支出。关于这个问题，有兴趣的朋友可以读一本书——《乾隆皇帝的荷包》，很有意思。

这是清代的制度，但明代就不是。明代有时也让民窑来代工，但总是赖账，后来甚至激起了民变。所以，虽然都是官窑，但各个时代官窑的制度其实差别很大。当然，好的制度会起到积极的作用。反之，不但起不到积极的作用，常常还要坏事儿。

二就是皇帝个人的品味，因为官窑常常直接反映出皇帝个人的审美偏好。雍正本人对瓷器高度关注，不但派得力的下属去专门督造，而且常常亲自过问点点滴滴的细节。他个人的艺术修养和品味也是非常高的，这就使得雍正时期的官窑瓷器成为陶瓷历史上的一座高峰。

当然，反面的例子，大家其实肯定都有印象。前段时间刷屏的《国家宝藏》里，乾隆的品味就被狠狠地吐槽了一下。不过，其实乾隆的品味并不像我们以为的那么不堪。总之，有时候皇帝个人的审美偏好对特定时期的瓷业发展确实是能起到决定性的作用，特别是在雍正和乾隆时期。

总体而言，官窑是推动陶瓷发展的一股重要力量，但绝不是唯一的。官窑能否推动瓷业的发展也是有条件的。有些时候，不但不能起到积极的作用，反而限制和阻碍了瓷业的发展进步。

威治伍德　19世纪初　人物肖像瓷盘

第十六章

乾隆和英国的威治伍德瓷器

第十六章　乾隆和英国的威治伍德瓷器

在我自己还没有开始烧制瓷器的时候，有一次有个朋友想买一件瓷器礼品送给一位非常重要的客户，来问我送什么好。他说，他这个朋友是中国人，很喜欢瓷器，但并不是很懂，四十来岁，在一家欧洲的跨国公司工作，有国际视野。他希望这件礼物要很有分量，还要有比较好的历史文化底蕴。他问我该怎么选。

我说："你可以选梅森或者威治伍德这样的品牌。"他一听就蒙了，说："这我也知道啊。我就是想买件中国瓷器来送人，难道现在中国瓷器就没有好的吗？"我说："中国瓷器当然也有好的，但没有哪个品牌能和欧洲的这些大品牌相提并论，主要是历史没得比。德国梅森三百多年，威治伍德也快三百年了。"

注意啊，我说的是"品牌的历史三百年"。中国有吗？景德镇瓷虽然有名，但没有哪个企业的品牌有这么长的历史。中国的品牌，是中华人民共和国建立后才有的，真正意义上的品牌都要从改革开放后算起。而且景德镇的这些民间作坊，瓷器做得再好，根本谈不上是大品牌。要是拿去送人，没有品牌，你自己又不是很懂，就很难解释清楚，让人信服你送的是好瓷器，所以还不如直接选大品牌。反正买贵的，买名牌的，就不需要解释了，人家一看就懂。

大家是否有些尴尬了？中国发明了瓷器，欧洲瓷业起步比中国至少晚了1000年。中国瓷器长期以来是最牛的，不是之一，而是唯一。其他地区就算有瓷器，比如朝鲜、越南，连竞争的资格都没有。那中国瓷业为什么如今会如此没落呢？没落又是从什么时候开始的呢？

首先，要跟大家讲述欧洲瓷业与中国瓷业最初的碰撞，这里面有一段不为人知的故事。早在1793年，欧洲人就尝试打开中国市场，也是在这个时候，中西方瓷业的关系，开始发生逆转。这一年到底发生了什么事呢？

1793年是乾隆在位的晚期。这一年，英国国王派出一个近700人的使团到达中国，名义上是给乾隆皇帝祝寿来了，但实际上就是想和中国做贸易。当然，也想对这个神秘的东方大国做一次实地考察。因为说是祝寿，当然就带了很多礼品。看这个使团的人数也知道它规模不小，乾隆听说之后非常兴奋，我们知道，他爷爷和他爹其实对西方的文明都很有兴趣，宫廷里还有不少传教士，所以他从小就接触到很多西方来的产品，像钟表之类，一直也非常喜欢它们。

而英国人呢？自然信心满满，觉得他们的大礼肯定能够打动中国皇帝，因为他们的礼品准备得非常充分。既有代表本国手工艺的，也有当时全世界最顶尖的黑科技，还有当时世界上最先进的武器，比如他们的战舰模型和大炮。你看，一方面英国人准备充分，一方面乾隆满怀期待。看起来应该会是个皆大欢喜的结局，但最后的结果却大大出乎意料。

乾隆对英国人的礼物很是失望，而英国人希望达成的目标，一个都没有实现。可以说双方不欢而散，英国人铩羽而归。英国人正常的贸易要求得不到满足，后来为了平衡贸易逆差就动起了歪念，为鸦片战争埋下了伏笔。当时乾隆的傲慢态度后来在历史上也饱受诟病，他拒绝的理由是：我天朝上国，要啥有啥，你们这个番邦小国哪儿来的，哪儿去吧。我们现在知道，当时英国的科技其实已经大大地领先于大清。在现代人看来乾隆显得很可笑。当然，在当时的英国人看来，同样如此。

不过，在英国人带来的众多礼品中，有一件很不寻常。它虽然在长长的礼品清单里很不起眼，甚至一开始还不在英国官方的礼品清单之中，但这件礼品的象征意义远远超过了其他礼品。它是什么呢？就是由英国威治伍德公司生产的瓷器。

很多人可能没有听说过威治伍德瓷器，但对瓷器感兴趣的朋友肯定都知道，因为今天威治伍德仍然是全世界最著名的陶瓷品牌之一，全球要排名的话，肯定位列前三名。"威治伍德"（Wedgwood）其实就是创始人的名字，它也是最早以个人名字作为品牌的企业。威治伍德在陶瓷史乃至整个商业史上都是大名鼎鼎，但普通人可能就不太知道他，这个家族后来出了个路人皆知的名人——达尔文。他是老威治伍德的外孙。

威治伍德瓷器就是英国瓷器的代表，但它是个企业，企业嘛，当然要做生意。它在欧洲的生意做得不错，非常自信，所以就开始想要开拓中国市场。你看，现在我们一个企业做得好了，就要去开拓海外市场，二百多年前英国企业就已经是这样做了。怎么开拓呢？当时英国的商品很难出口到中国，于是英国国王想到了一个办法：派代表团访华，通过外交手段达成这个目标。威治伍德知道这个消息之后，就说服国王把他生产的瓷器也带上。

威治伍德 1790 年 大口水壶

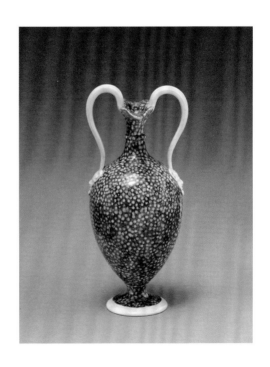

第十六章 /// 乾隆和英国的威治伍德瓷器

不过，乾隆朝正是中国制瓷业最为辉煌的时期。虽然英国瓷业已经快速崛起，但从工艺水平和精美的程度来看，根本谈不上超越了中国，所以这些瓷器自然引不起皇帝的兴趣。当时，虽然英国瓷器比起中国瓷器，在表面上还占不了什么便宜，但内在的差距却非常巨大。这主要体现在两个方面。

首先，生产方式已经大不相同。英国制瓷业走的是工业化道路，虽然当时的工业化程度远远比不上现在，还只是处于起步阶段。而中国的制瓷业仍处于手工制作的阶段，当时已经站在了手工艺水平的峰顶。

可以说，手工业巅峰的水平和工业化初期的产品相比，两者的差距并不大，甚至在很多方面手工艺还占上风。像乾隆时期的转心瓶这样的产品，如果用现代工业化的方法制作，那会是个难度不小的挑战。但是，工业技术的进步带来的变化速度是远远快于手工艺的。之前我们一直在一条土路上跑，领先了很多。但欧洲一上来，就是在柏油马路上开车，后来甚至把赛道换成了高速公路。1793 年英国人还试图超车，不过似乎并没有成功，但是再往后，就迅速超过了，并逐渐拉开了距离。

其次，就是商业。中国瓷业开拓全球市场，其实不是一个主动的过程。不是景德镇的作坊想办法把瓷器卖到欧洲去，而是欧洲人打通全球网络后把瓷器进口到了欧洲。而我们再来看看威治伍德，它的行为完全是商业上的主动出击。这两者的差距就更大。

所以，当时英国瓷器表面上还看不出有什么优势，但实际上与中国瓷器在商贸上的差距已经大到不可想象。谁输谁赢，结局其实已经写好，剩下的不过只是时间问题。

关于英国使团访华的这段历史，一本非常著名的书《停滞的帝国：两个世界的撞击》中有这样一句话："1793 年的相遇是两种高雅而又互不相容的文化在互相发现。"没有什么比中英瓷器的相遇和相互发现、撞击更具有象征意义的了，毕竟，中国的英文是 China，而 china 就是瓷器。

最后，乾隆皇帝肯定也回赠了礼品，其中当然少不了中国的瓷器。但这一次，英国国王收到瓷器的时候，再也没有他的祖辈得到中国瓷器时的那种兴奋了。

第十七章　蓝边碗

蓝边咖啡杯

去年我看了一部电影《间谍同盟》，主演是我很喜欢的一位演员——布拉德·皮特，讲述的是"二战"时期间谍战的故事。可是万万没有想到，这样一部拍"二战"的外国电影会颠覆我对一段陶瓷历史的认知。

　　影片中有这样一个片段：布拉德·皮特扮演的间谍与另一名女间谍在一家咖啡馆喝咖啡，皮特发现一名德国军官可能认出了他，然后就找机会把那名德国军官暗杀了。这一幕发生在1942年的卡萨布兰卡。他们喝茶时用到的茶杯很别致，也很简洁，白色的瓷杯只在口沿的地方有一圈蓝边。

　　你可能马上就可以猜到，它可能跟青花瓷有关。不过，在全世界任何一个地方出现青花瓷，其实都不奇怪。从电影里我们能看出来，这种青花的白跟景德镇青花瓷的白不太一样。其实景德镇的青花瓷一直带有青白瓷的影子，微微有点泛青，像玉。而电影里的瓷器白得就像 A4 打印纸，而且那圈蓝边太蓝了，是现代化工业的产物，色调跟传统青花也不一样。所以，可以肯定的是，这瓷杯并非产自中国。但这还并不是我要说的重点，重点不是青花，而是那圈蓝边装饰。

上了点年纪的朋友一定对一个词——蓝边碗不陌生。前些年，还有个设计师把它当作设计元素，重新设计新的蓝边碗，一时间很受欢迎。蓝边碗就是口沿部分有一圈蓝边的瓷碗，这种碗在民国时期非常流行，已经成为旧中国的一种记忆。一说到蓝边碗，常常就会勾起一种怀旧的情绪，所以，我一直以为蓝边碗是当时中国的代表性产品。

有意思的是，电影里那个茶杯的装饰其实跟我们的蓝边碗是一样的。也许可以说："这不是很正常吗？中国陶瓷一直很受外国人欢迎，青花瓷在哪里出现都不奇怪。"没错，但这里有一个问题。鸦片战争以后，欧洲人对中国的态度已经发生了180度的大转向。以前欧洲人认为中国是古老、文明、富足、神秘的国家，现在觉得它落后、腐朽、自大而且不堪一击。中国的光环早就褪去，欧洲也早已不再流行中国风。

而且，欧洲的制瓷业从18世纪初开始兴起，经过差不多200年的发展，特别是伴随着工业革命，在产品成本和市场占有率上早已远远超过了中国。此时又有一种中国的流行元素能影响西方，这令人很难想象。

这就好比你原来有个同学，中学是学霸，但种种原因没考上大学，后来就回农村种地，再也没有学习了。而你上了大学后来还考研读博，多年以后有一天你遇到老同学，却还要向他请教英语语法问题。这完全是不可想象的。

所以，《间谍同盟》中的蓝边碗受中国影响，是很不可思议的。当然，你说，也许是电影的道剧组随便弄的。还真不是，因为这部电影里出现了不少瓷器，其他场景出现的瓷器都很对路。我当时就产生了一个怀疑：这种我们以为是国产的蓝边碗其实是舶来品？接着我就开始查资料，后来发现，还真是。

在1920年出版的《景德镇陶业纪事》中，有这样一段文字："近年风气渐开，奢侈日甚，人民喜购外货，如中狂迷。即如瓷器一宗，凡京、津、沪、汉以及各繁盛商埠，无不为东洋瓷之尾闾。如蓝边式之餐具杯盘及桶杯式之茶盏，自茶楼、酒馆以及社会交际场所，几非此不美观。以致穷乡僻壤、贩卖小商无不陈列灿烂之舶来瓷，可知其普及已至日常用品。"

从中我们就可以看出，洋瓷入侵，已经是势不可挡；中国瓷业，完全没有招架之力。外来瓷甚至已经成为中国人的时尚品，进而还成为景德镇模仿的对象，最后倒成为我们的时代象征和民族记忆。历史上景德镇瓷业虽然长期大量吸收外来文化，但始终是以强者的姿态将外来文化消化，再转化为产品，又反过来对外部的世界产生影响。这体现在元青花和珐琅彩上。但蓝边碗的情况却完全相反，中国人完全"山寨"外国瓷器，中国瓷业成为西洋瓷业的附庸。

从蓝边碗上，我们已经完全可以看出当时中国瓷器贸易的情况有多么糟糕，而实际的情况其实比我们想象的还糟。到1930年，洋瓷的进口第一次超过了出口！更可怕的是，瓷业贸易的逆差在接下来的几年里还在迅速增长。到1931年，瓷器出口总额就从1930年的256万两白银下降到171万两，减少了三分之一。中国，这个以瓷器命名的国度，彻底败给西方国家！中国瓷业也面临前所未有的危机。

为什么会发生这么严重的危机呢？西方瓷业对中国的冲击最初是在18世纪末。到19世纪初，西方瓷业已经发展了整整一百年。而这一百年是西方工业文明加速发展的一百年，中国的制瓷业却达到手工艺的极限，随着国力的衰退，它也无可挽回地一路下滑。所以，一边是快速发展，一边是不断下滑，两边同时都这样持续了一百年，导致的差距，大家可想而知。这也就是民国时期洋瓷入侵中国而中国瓷器完全没有招架之力的原因。

中国瓷业不但生产上大大落后，商业上就更没法相提并论。西方瓷业的商业拓展早在18世纪末就已经开始了，而我们基本上还处于坐在家里等客上门的状态。景德镇瓷业虽然已经有相当的规模，但本质上还是由作坊构成。而西方呢？是企业。像品牌这种现代商业的核心要素，当时的中国当然是没有的。而欧洲的很多品牌在那时就已经有一百多年的历史，例如德国的梅森瓷都已经有两百年的历史。民国时期中国的情况，大家也都比较熟悉。抗日战争、解放战争打了十几年，然后解放，再到"文革"。这期间当然也有一些短暂的发展期，但制瓷业并没有发生什么本质变化。真正开始走上类似西方瓷业发展的轨道，已经是改革开放之后的事了。改革开放以后，中国的制造业迅速崛起，陶瓷行业也不例外，但从品牌的角度来看，比欧洲制瓷业差了不止一点半点。

本质上，中国瓷业的衰落是传统手工业败给了现代工业和商业的结果。其实它不只发生在中国，而是全世界范围内的普遍现象。并且，西方的工业和商业文明不但摧毁了东方的手工业，而且也摧毁了他们本国的手工业。

不过，到了今天，人类文明已经进入了后工业时代，正在步入人工智能的时代。这个时候，我们会发现，手工业正在以一种新的姿态回归。它不再是一种主流的生产方式，或许会成为一种生活方式。而景德镇的传统手工制瓷业仍然保持着全世界最完备的手工制瓷体系、最高的工艺水准以及大批工匠，于是重新开始受到世人的关注。

清　大雅斋　瓷粉彩湖绿地花鸟纹盖盒

第十八章

慈禧和大雅斋瓷

很多年以前，我去南京博物院参观，在陶瓷馆里看到一组瓷器非常特别。它们的风格很明显，虽然样式差别很大，也有很多种颜色，但你一眼就能看出是一个系列的。再仔细一看，会发现瓷器上都有虽不大但比较醒目的三个字"大雅斋"。

我们知道，古代文人喜欢给自己住的房子取名字，叫"某某堂""某某轩""某某斋"之类。所以，我一看到"大雅斋"，马上就想："这是不是某位古代文人设计的呢？"后来才知道，完全不是这么回事。这组瓷器其实是清代的官窑产品。那我们要问："官窑不都是有'大清康熙年制''大清乾隆年制'这些字样的吗？怎么又会有'大雅斋'这样的？这个'大雅斋'

又是哪个皇帝的呢？"

其实，大雅斋虽然属于官窑，但并不是为皇帝服务的。不过，它的服务对象虽然没有当过皇帝，但跟皇帝也差不多了，甚至还管着皇帝。没错，这个人就是慈禧太后。

一说起慈禧太后，多数人对她都没什么好印象。特别是在影视剧当中，她常常被刻意地丑化。前不久刚读了一本书，叫《西太后：大清帝国最后的光芒》，是位日本学者写的。你听书名就知道，肯定不是只说慈禧坏话的书。当然，我没有给慈禧翻案的意思，也没有那个能力。只是想表达：一个人往往是非常立体、非常丰富的，哪怕他是历史上公认的大奸大恶之徒，也不一定是我们可以用一两句话简单概括和定性的。

大斋雅瓷反映了慈禧的一个小小的侧面。它对于慈禧的政治生涯，可能是无足轻重的；就她个人而言，可能只是一时兴起的一点小爱好。但在整个陶瓷史上，却有着不同寻常的意义。

先来看看这个大雅斋到底是个什么地方。大家可以猜到，这肯定是慈禧住的地方，或者是她喜欢的地方，但无论如何肯定是在宫廷里。不过，清宫的建筑档案里，根本就找不到一个叫"大雅斋"的地方。这就非常奇怪了。不过，后来学者们发

清 大雅斋 瓷粉彩藤萝花鸟花盆

现了两块牌匾，上面都写着"大雅斋"三个字。看来，大雅斋不是一处固定的建筑，而是写着这三个字的匾挂在哪里，哪里就是大雅斋。

不过，慈禧为什么一定要在自己定制的瓷器上用"大雅斋"这几个字呢？原来，大雅斋的匾是咸丰皇帝，也就是她的丈夫，亲笔为她题写的。而且，一块就挂在圆明园里的"天地一家春"这座建筑里，那是慈禧入宫选秀时住的地方，咸丰帝正是在此临幸了当时的兰贵人。可以说，它是两人爱情开始的地方。而另一块呢？曾挂在紫禁城内的"平安室"里。慈禧太后正是在平安室生下了后来的同治皇帝。所以，你看，一个是爱情开始的地方，一个是爱情结晶出生的地方。后来，慈禧搬出平安室，搬到长春宫，同时把这块匾也带了过去。由此可以看出慈禧有多么珍视"大雅斋"匾。

大雅斋系列瓷器最为特别的地方在于它的风格极为鲜明，具备完整的系列设计。要知道，古代的某个时期的官窑也有当时的时代特征、风格和设计，但是却从来没有过完整的体系。比如雍正官窑。它能保持相对比较统一的美学取向，但如果单独拿两件当时的产品出来，就会发现，肯定不能把它们归入同一个系列。其他朝代就更是如此了。比如，康熙或者乾隆时期的瓷器风格是非常多样的，所以我们会说某朝瓷器的特点或特征是什么，却不会说当时的设计风格怎样。

哪怕放在全世界的瓷器设计史上来看，这一组大雅斋瓷器也是非常引人注目的。特别是在它诞生的年代，现代意义上的"设计"这个词都还没有出现。

不过，慈禧为什么对瓷器设计忽然感兴趣了呢？其实，慈禧并不是为自己，而是为了自己的儿子。你看，跟现在的家长多像啊，一切为了孩子。真所谓"可怜天下父母心"。

怎么回事呢？原来，是为了她儿子同治皇帝的婚礼。我们知道，同治皇帝的婚礼恐怕是清代最为隆重的一次皇家婚礼。它离现代比较近，有很多目击者留下了大量文字记录，甚至连外国媒体都进行了报道。婚礼的排场就不细说了，重点说一下婚礼用的瓷器餐具。一共1万多件，分为14个设计系列。每一系列中，碗有7种，盘有3种，碟3种，每种40个。要知道，雍正和乾隆皇帝可都没有这样的排场。以致现在的收藏领域有一个类别——同治大婚瓷。更重要的是，当时要烧制完成皇帝大婚用瓷，实际上是一件极为困难的事。

清　大雅斋　瓷紫地粉彩花鸟盒

清 大雅斋 瓷绿地墨彩牡丹纹缸（翻拍）

你或许会说："不是有御窑厂吗？皇帝结婚烧点瓷器，这有什么难的？"还真不容易。乾隆朝之后，由于一来国力衰退，二来从嘉庆开始的几位皇帝对瓷器都没什么兴趣，所以每年御窑厂的预算都在减少。到了咸丰五年（1855 年），景德镇停止烧造御用瓷器。同时太平天国运动也对景德镇造成了巨大的影响，城市被严重破坏，窑工四散奔逃。而慈禧是什么时候开始准备儿子的结婚用瓷的呢？是在同治五年（1866 年）。你看，这一年御窑厂已经停烧 11 年了，距离第二次鸦片战争结束只过去了5年，离太平天国结束也只过了一年多。可以说，内忧外患才刚刚平复，仍是元气大伤之时。

不过，这一切都没能阻止一位母亲为儿子筹办婚礼的决心。当年，慈禧太后拨了13万两白银到景德镇，用于重建御窑厂。但就算这样，最后也整整花了五六年的时间，才制成了婚礼用的瓷器。而同治皇帝大婚之后，慈禧太后就把皇权交给了自己的儿子，至少表面上空闲了下来。于是她开始享受生活，刚好在瓷器上可以大显身手。她组建了一个小团队，设计她自用的瓷器，设计完成后，交由景德镇御窑厂烧制。这就是大雅斋瓷器的来历，可以说，这组瓷器成了中国古代陶瓷史上最后的光辉。

第十九章

珠山八友和民国瓷

民国初期 青花粉彩带托盖碗

在艺术史中，"八"这个数字出现得特别多。最著名的要数"扬州八怪"，当然还有"八大山人"。所以经常有人会问这样的问题："你知道扬州八怪是指哪八怪吗？你知道八大山人是指哪八个人吗？"当然，如果你听到第二个问题，马上就可以呵呵地笑了，因为"八大山人"其实是一个人的号。那么，接下来我要问一个问题："珠山八友是指哪八友？"放心，有八个人。当然，珠山八友的名气肯定不如扬州八怪或者八大山人大，但如果你了解一点陶瓷的历史，就会发现，他们可是整个中国陶瓷史上最著名的人物，而且还都是民国时期的人物。

你一定会觉得非常奇怪：中国陶瓷历史这么悠久，怎么最著名的人物竟都集中在民国？而且，中国瓷业在民国时期被外国人打得可惨了，当时是中国制瓷业最黑暗的时期。一个行业名家辈出不应该发生在最鼎盛的时候吗？这也是一个行业兴盛的标志啊！就像唐代的诗歌最为发达，所以最著名的耳熟能详的大诗人基本上都是唐代人。可瓷艺的名人怎么会都生活在瓷业最黑暗的时代呢？

这其实跟制瓷业的整体状态有关。明清是景德镇制瓷业最为发达的时期，当时制瓷实际上有一个发达的产业链，制作过程要经过"七十二道"工序。这个产业链的分工高度细化，每一件瓷器都是一条流水线上生产出来的产品，而不是某个人的作品，所以，也就不可能有匠人的名字留下来。这和其他的手工艺品不一样，大部分手工艺作品基本上可以由一个匠人独立完成，比如玉雕、紫砂壶等等，但瓷器不是。瓷器的制作是由很多人共同完成的，最后该算谁的？最具代表性的官窑瓷器都是皇帝的，但皇帝在景德镇参与烧瓷了吗？所以，历史上没有几个陶瓷工匠可以留名。

那么，难道民国时期就不是这样了吗？民国时期的分工反倒减少了吗？

瓷器里的文明碎片

民国 洪宪五彩福寿瓷碗

我们现在把古代陶瓷都当成文物，看成收藏品，可是绝大部分古代瓷器，包括我们现在看到的官窑瓷器，在当时就是日用器皿。除了少量瓷器烧制出来就是为了欣赏把玩之外，绝大部分都不是。前两年，拍卖成化斗彩鸡缸杯拍了两个多亿，藏家拿到后，用这个杯子喝了杯茶。很多人在网上吐槽说：没文化真可怕，不尊重文化，不尊重文物，是土豪什么的。其实，这个杯子本来就是拿来用的，当然主要可能不是用来喝茶，而是喝酒。

但是，民国时期的制瓷业在最大宗的产品——餐具茶具的日用品市场被彻底打败了。这样一来，整个景德镇忽然就失去了最大的市场，但是手艺还在，匠人还在，因为学一门手艺要很多年，想转行没那么容易。整个行业要生存，要突破，大宗产品的市场做不了了，怎么办？用现在的话说，办法就是做细分市场。

什么是细分市场呢？主要有两个。第一个是造假市场。民国时期的造假极为发达。今天的古玩造假也极其发达，那是因为现在中国人有钱了，盛世搞收藏，收藏一热，造假就跟着热。可民国时期内忧外患，谁还有心思搞收藏呢？其实，不是中国人自己搞收藏，而是外国人收藏中国古玩。实际上，晚清、民国是欧洲的第二次中国热。

第一次中国热发生在大航海时代来临之后。随着贸易的发达，中国的丝绸、茶叶、瓷器涌入欧洲，引发了持续数百年的第一次中国热。当时欧洲人热爱的中国很大程度上是他们想象中的中国。随着欧洲工业革命和欧洲的崛起，特别是鸦片战争彻底打破了中国神话，这股热潮就结束了。

但晚清、民国以来，欧洲人又开始对真正的中国文化产生兴趣。随着口岸的开放，大量欧洲人来到中国，并大量收购中国的古代艺术品。现在我们常常有一个印象：外国博物馆里的中国文物都是英法联军、八国联军抢去的，或者是来自东西方的强盗打着考古的旗号坑蒙拐骗走的。但实际上，这些馆藏文物中有几件可能是花钱买的。这其实有点像我们现在，如果你去东南亚一些小国旅行，看到当地的古代工艺品，就会想要买下来，毕竟当地的物价低。欧洲人开始大量收购中国古代艺术品，这就极大地刺激了造假市场的发展。古玩行当里很多特别厉害的造假工艺都是民国时期发展出来的，而这个市场当然免受工业文明的冲击，现在同样如此。

民国 王琦 绘 粉彩八仙图瓷板画

第十九章 /// 珠山八友和民国瓷

第二个细分市场就是现在所说的"艺术瓷"。如果我们把艺术瓷理解为一批艺术家潜心于瓷艺而创作出来的作品，那就大错特错了。实际上，这是陶瓷行业在另一个细分市场上寻求突破的结果。

当时的艺术瓷主要有三种。一种是瓷板画，就是把画画在瓷板上。第二种是文房用具。除了经常说的文房四宝外，还有装水的水盂、笔架等等。第三种是上有绘画的茶具。它们其实有一个共同的特点：个人化、个性化。小众的高端的市场需求是机器大工业很难满足的，到今天仍然是这样。所以，今天景德镇的手工制瓷业走个人化、个性化路线，满足小众细分市场的需求，仍然是它的方向和强项。

要满足这个细分市场，过去分工太细的生产模式是行不通了。光是画青花瓷的青花，就至少分了十几个工种，虽细但仍然是规模化生产。现在要灵活，要个性，怎么办呢？解决办法就是：创作的个人化。于是，当时就出现了一个细分的行业，叫"红店"。红店自己不烧瓷器，而是把瓷器买来，在瓷上画画，然后再卖出去，很多时候瓷器上的画就是由一个匠师独立完成的。这些匠师当中，最著名的后来被称为"珠山八友"。

雪景山水瓷壶

个人完成的产品，其中当然就多了很多个人创作的成分，也必然会以个人品牌的形式走进市场。这也就是民国的制瓷业衰落而个人却能得以彰显的原因。

这一类瓷器产品，因为满足的是更高要求的审美的需求，所以比起普通产品就更具有欣赏性和艺术性。流传到今天，更是被人们追捧为"艺术瓷"，就像把古代的日用瓷一律看成是文物一样。

从这里，我们其实可以看出陶瓷的一个重要的特点：它本来是纯粹为生活而创造的，但后来又被赋予了艺术和文化内涵。近现代世界甚至还兴起了一次陶艺运动，其核心目标之一就是要把实用的成分给去除掉，这样陶瓷就可以成为一种纯粹的艺术。当然，今天更多的艺术家、设计师和匠人已经不太纠结这个问题了。难道实用性的器物就一定不能成为纯粹的艺术品吗？

不过，我们能够从中感悟到陶瓷在整个人类文化中扮演了丰富的角色。如序言所述，它既是日用品，又是奢侈品；是我们习以为常的材料，又是人类了不起的黑科技；是实用的器物，又可以是纯粹的艺术品。它在人类的文明进程中占据的地位的确超乎了人们的想象。

《捡来的瓷器史》完稿后，我跟编辑、当时浦睿文化的副总编蔡蕾商量做几期音频节目。一来可以配合新书做些宣传，二来其实数年前我就尝试过做音频，只是一个人摸索，困难重重。没想到蔡蕾说她一直都有这个想法，一拍即合。

当时的思路有两个方向。一个是纯干货，比如十节课带你了解陶瓷史；另一种是选取其中一些有趣的细节，展开来讲。第一个方案觉得适合"得到"，于是编辑开始和他们沟通，但并不顺利，最后没有达成。巧的是，"得到"的"每天听本书"却正好要做一期节目来解读这本《捡来的瓷器史》，解读人刘玄当时在豆瓣上给我发了邮件，而我一直没有注意到。直到节目上线，我才无意中听到，那已经是几个月之后的事了。

另一个方向倒是异常顺利。蔡蕾说约了一位叫王晨曦的老朋友，以前也在传统出版行业，现在创业，做了一家叫牧神文化的公司。

那天我们在五角场的一家咖啡馆碰面，坐下来后我就把想法一股脑倒出。关于两种思路，晨曦的一句话瞬间决定了方向：她说这本书本来就写得挺有趣，如果做音频节目，肯定是要比书更有趣才行。如果做出来的节目还不如书有趣，要被人吐槽的。另外，她自己也被这个选题吸引。

不过此后的进程大大出乎意料。

我原本只是想配合新书简单做几期内容，一来配合宣传，二来自己也可以好好学习如何制作音频节目。

但晨曦不断加码，最后把系列节目定在了二十集。更要命的是，虽然是从书中选出一些有趣的点，但音频内容完全抛开了书的框架和文字，全部另起炉灶。

我当时兴致满满，一心想尝试，完全没有顾及到整体的工作量。

第一篇文稿不知道改了几回，因为音频文稿的要求有别于书稿：比如开头如何吸引听众的注意力，中途如何避免听众疲劳，一些概念需要更通俗的口语化解释，整体的时长要有严格控制等等。这些都是在纯文字的写作中不需要特别考虑的。

　　录制音频更非轻而易举。我虽然并不缺乏演讲经验，只是面对一群人讲和一个人近于自言自语完全是两回事，更不必说种种技术性的障碍。

　　总之，录制第一期节目耗费了大量时间和精力，只不过兴奋掩盖了苦劳。但随后就发现，这实在是一个不小的工程，心里打起退堂鼓，又实在不好意思开口，只好硬着头皮往前走。

　　好在几期音频录制下来，感觉对整个流程越来越熟练，文字和录音进度都大大加快。纵然如此，仍然是个不小的工程。等到最后二十期节目全部完成，我不免感叹：

　　这是又写了一本书啊。

　　节目发行后，蜻蜓FM、懒人听书等平台方面的反馈都挺不错，特别是三联中读还将其中的八集打包做成了小课在其平台上发布，成为三联最受欢迎的节目之一，后来还专门制作了英文版。

再后来，知乎似乎有兴趣将文稿成书出版发行。这倒是提醒了晨曦，为什么不做呢？

于是，我的感叹成了真。

我是又写了一本书啊。

图书在版编目（CIP）数据

瓷器里的文明碎片 / 涂睿明著 . — 北京 ： 北京联合出
版公司， 2021.9

ISBN 978-7-5596-5433-5

Ⅰ . ①瓷… Ⅱ . ①涂… Ⅲ . ①瓷器（考古）—中国—
通俗读物 Ⅳ . ① K87-49

中国版本图书馆 CIP 数据核字 (2021) 第 139508 号

瓷器里的文明碎片

作　　者：涂睿明
出 品 人：赵红仕
选题策划：上海牧神文化传媒有限公司
责任编辑：徐　樟
特约编辑：董旻杰
美术编辑：周伟伟

北京联合出版公司出版
（北京市西城区德外大街 83 号楼 9 层　100088）
北京联合天畅文化传播公司发行
上海盛通时代印刷有限公司印刷　新华书店经销
字数 55 千字　889 毫米 ×1194 毫米　1/32　7.3125 印张
2021 年 8 月第 1 版　2021 年 8 月第 1 次印刷
ISBN 978-7-5596-5433-5
定价：78.00 元